B. A. Mertz

Karma in der Astrologie

B. A. Mertz

Karma in der Astrologie

Das vor-karmische Horoskop

Ansata-Verlag
Paul A. Zemp
Rosenstrasse 24
CH-3800 Interlaken
Schweiz
1984

Das Bild auf dem Einband stammt von
Heinrich Berann, Lans i. Tirol

Grafiken von Christiane Eisler

Erstveröffentlichung 1984

Gesamtherstellung: Zobrist & Hof AG, Liestal
ISBN 3-7157-0070-X

Inhalt

Du schläfst – damit Du aufwachst!
Du stirbst – damit Du lebst!
(Pyramidentext aus Ägypten)

Unsere Umstände entsprechen stets
der Vergangenheit.

Vorbemerkungen zum Thema

Diese Arbeit stellt eine Anregung dar, sie ist ein Versuch. Aber doch auch mehr als das, denn diese Anregung beruht auf einer recht langen Beschäftigung mit dieser Materie und auf daraus gesammelten Erfahrungen. Viele Horoskopeigner ließen sich ihr vor-karmisches Bild ausarbeiten. Zunächst war es nur Neugierde nach dem Motto: Na ... wollen mal sehen. Fast immer aber wandelte sich diese Spielerei mit dem Thema in ernsthaftes Interesse, denn die Verblüffung über das Zusammenspiel von Geburts- und vor-karmischem Bild war groß und erstaunlich einhellig. Viele bestätigten, daß erst beide Bilder im Zusammenhang gesehen ihnen Erkenntnisse gaben, die sie einfach nicht erwartet hatten. Und weil das Interesse immer größer wurde, wie sich auf Seminaren und bei Vorträgen herausstellte, werden die gemachten Grundüberlegungen und die bisher praktizierte Findung des vor-karmischen Horoskops in dieser kleinen Arbeit vorgestellt. So kann jeder für sich die Vorgänge nachprüfen, zumal man zur Findung des vor-karmischen Bildes nicht viel rechnen muß. Auch wer sich selbst kein Horoskop erstellen kann, dieses Bild findet er, wenn er nur sein Radixbild hat, sei es von einem Computer oder von einem Astrologen ausgearbeitet. Notwendig ist allein ein Häuserbuch. Das Wichtigste ist aber die Deutung *beider* Bilder im Zusammenhang. Dies setzt zunächst eine ernsthafte, interessierte Beschäftigung mit dem Karma selbst voraus, was meist zur Folge hat, daß sich die bisherige Lebenseinstellung etwas verändert oder modifiziert.

Um nun gleich eine häufig gestellte Frage zu beantworten: Das nach-karmische Horoskop ist nicht zu finden oder zu errechnen, da es nach dem Gesetz des Karmas vom jetzigen Leben abhängt, wie eine künftige Reinkarnation, also der folgende Lebenszustand, aussehen wird. Dabei noch eine Begriffsklarstellung. Wenn wir in dieser Arbeit vom *bewußten* Leben sprechen, dann ist damit das *jetzige* irdische Leben gemeint – nie das vor-karmische. Doch müssen wir uns stets über eines klar sein, daß uns kaum bewußt ist, wie das irdische Leben wirklich abläuft oder aus welchen Quellen es eigentlich gesteuert wird. Sicher spielt das Unterbewußtsein, wie es die modernen Psychologen nennen, beziehungsweise das Seelenleben, wie man es im karmischen Sinn bezeichnen sollte, dabei eine nicht zu unterschätzende Rolle.

Jeder hat in seinem bewußten Leben die Erfahrung gemacht, daß längst nicht alles vom Willen, vom Verstand abhängt, was er tut oder in welche Lebenslagen er gerät. In uns leben kaum zu zähmende Kräfte, die durch Erfahrungen ihre ungeheure Energie bekommen, welche wir nicht nur geerbt, sondern einst persönlich erlebt und gesammelt haben. Ein jeder von uns – ohne Ausnahme – trägt in seiner neuen Gestalt seine tragische Vergangenheit mit sich herum, wie es in einem alten karmischen Buch heißt. Doch das Wort «tragisch» dürfen wir keinesfalls als einen unglückseligen Begriff verstehen. Die Vergangenheit wirkt sich erst dann im Sinne einer Tragödie aus, wenn wir diese ewigferne Vergangenheit nicht annehmen und keine persönlichen Lehren aus dem Karma ziehen. Sicher mag nicht jeder dieses Gesetz – um nichts anderes handelt es sich – für sich annehmen. Je rein rationalistischer ein Mensch sich gibt, verhält, vielleicht auch ist, um so stärker lehnt er das Karma ab. Nun gut, er wird eines Tages in einem fernen Leben damit konfrontiert werden und sich dann doch damit auseinandersetzen müssen. Dieser Zugang zum Karma ist – das ist geschichtlich begründet – im Osten sicher leichter zu finden als im Westen, zumal das Karma in der Astrologie der Hindus und Buddhisten fest verankert ist. Daher liegt es aber auch nahe, daß wir versuchen die abendländische Astrologie, die aus dem Mittelmeerraum kommt, in eine Beziehung zu dem Karma zu bringen. Egal wie schwierig der Weg dazu ist, der Versuch lohnt sich – dies ist einer!

Die Suche nach dem Karma

Astrologen, die viele Geburtsbilder gesehen und bearbeitet haben, die ausführlich mit ihren Ratsuchenden sprachen und diskutierten, wurde mit Sicherheit oft die Frage gestellt: «Warum habe ich ein so schweres, meine Freundin aber ein so leichtes Horoskop? Wieso muß ich so viele Pflichten erfüllen und habe kaum Chancen wie andere?»

Die Antwort: «Mancher muß eben ein schwereres – andere dürfen ein leichteres Kreuz tragen» befriedigt nicht. Und auch im Alltagsleben lautet die meistgestellte Frage wohl: «Wieso sind bereits die Startchancen so unterschiedlich?»

Sicher – jeder bekommt seine Chance, so heißt es oft, aber die Startmöglichkeiten sind in der Tat höchst unterschiedlich und scheinbar ungerecht. Soviel auch im gesellschaftspolitischen Leben von Gleichheit gesprochen werden mag, Gleichheit gibt es nicht. Nun, diese oder ähnliche Fragen in dieser Richtung sind wohl so alt wie die Menschheit selbst. Das fängt mit oft fast primitiv anzuhörenden Klagen an. Wieso, so heißt es immer wieder, ist diese Frau nicht nur klug, sondern auch fröhlich und bildhübsch, so daß sie sich alle Männer aussuchen kann, wieso ist die andere nicht nur weniger attraktiv, sondern auch geistig nicht so aufgeschlossen? Dasselbe kann auf die Männer übertragen werden, auf Generationen in den Familien, auf jede Herkunft und jedes Dasein. Es herrscht nun einmal – vordergründig betrachtet – auf unserem Planeten eine große Ungerechtigkeit, die jedoch nicht nur den einzelnen betrifft, sondern von der auch ganze Völker, ja Bewohner von Erdteilen erfaßt sind. So taucht eines immer wieder auf: der Zweifel an der Gerechtigkeit des Schöpfers, der Gottheit. Wird jedoch für manche diese Ungerechtigkeit zur Gewißheit, verlieren sie den Lebensglauben; viele rutschen in den Fatalismus ab. Ihnen gefällt es überhaupt nicht, wenn man ihnen stets erläutert: «Der Mensch ist der alleinige Schöpfer und Lenker seines Geschicks», oder wie es der Volksmund ausdrückt: «Jeder ist seines Glückes Schmied.» Wer soll das noch glauben? Und doch gibt es Millionen, die davon überzeugt sind, daß es eine große Gerechtigkeit gibt, die für Ausgleich und Möglichkeiten für jeden einzelnen sorgt, wenn sie auch wissen, daß sich dies nicht in dem jetzigen, uns gerade bewußten Leben vollziehen muß. Und meist fällt dann das Wort vom Karma.

Besonders in der westlichen Welt bezeichnen dies viele als Unfug. Sogenannte moderne Soziologen oder gesellschaftspolitisch engagierte Bürger, die alles nur mit dem Verstand messen, halten dieses Karma für eine Erfindung der Glücklichen, um die Unglücklichen auf billigste Art zu trösten, damit sie sich ihrem Schicksal ergeben und möglichst keine Schwierigkeiten bereiten. Das Karma ist für sie also nur ein Vorschub, eine Tröstung, eine auf Sand gebaute Illusion, ja eine große Selbsttäuschung.

Andere aber meinen, daß das Karma das grundlegende Gesetz unseres Weltalls ist, die Quelle, der Ursprung und der Ausgangspunkt aller anderen Gesetze, welche wir in der Natur und um uns selbst – auch uns betreffend – erkennen können. Karma, so heißt es, ist das Gesetz von Ursache und Wirkung. Das klingt für den einen einleuchtend, für den anderen schwachsinnig.

Und in der Tat, wer sich mit dem Karma nicht intensiv beschäftigt hat, wird dieses Gesetz für sich nicht annehmen und akzeptieren können. Da gibt es nun einmal Menschen, die sich ernsthaft und immer wieder bemühen, überwiegend und aus vollem Herzen stets nur Gutes tun, aber registrieren müssen, daß Undankbarkeit um sie herum ihr treuester Begleiter ist. Der mechanisch hingeworfene Trost: «Wer Gutes tut – erfährt auch Gutes» klingt oft wie Hohn. Dann heißt es: «Das Gute, was Du säest, das erntest Du ganz woanders. Erwarte also nie direkte Dankbarkeit, diese kommt meist von einer Seite, von der Du gar nichts erwartet hast.» Und in der Tat, das stimmt! Wer hat dies noch nicht erlebt. Doch diese Geschenke werden häufig mit einer Selbstverständlichkeit angenommen, weil sie nicht in die gemachte Rechnung passen. Eltern erwarten von ihren Kindern in der Regel ein Leben lang Dankbarkeit, ernten sie diese nicht, verzweifeln sie, obwohl andere jüngere Menschen ihnen treu und liebend zur Seite stehen.

Letzteres wird aber nicht gesehen, nicht als ausgleichendes Geschenk empfunden! Dafür verstärkt sich die Meinung von der allgemeinen Ungerechtigkeit der Welt, und diesen Menschen fällt es unsagbar schwer, an das Gute schlechthin zu glauben, das Böse ist für sie immer stärker.

Ganz großer Skepsis begegnet man jedoch, wenn das Wort von einer Reinkarnation fällt, von einer Art der Wiedergeburt. Bestenfalls meinen viele am Leben Verzweifelte: «Bloß das nicht, nicht noch einmal so ein Leben wie dieses!»

Dabei ist die Geschichte des Glaubens an die Wiedergeburt sehr lang. Wir haben sie bei der Behandlung der Archetypen (Psychologische Astrologie, Band I) beschrieben. In schwerer und kurzer Lebenszeit stellte die Wiedergeburt beziehungsweise die Auferstehung die einzige Hoffnung dar, die die Menschen auf diesem Planeten, den wir Erde nennen, hatten. Doch heute, da der Verstand und das Naturwissenschaftliche fast eine diktatorische Herrschaft im öffentlichen und offiziellen Denken darstellen, wird die Wiedergeburt, die Auferstehung als Hirngespinst abgewertet. Früher galt sie als Trost. – Wem es dagegen gut geht, der denkt kaum daran und damit an sein Karma. «Ursache und Wirkung, ja das mag es geben, auch Schuld und Sühne, Buße und Belohnung – aber das geht mich ja nichts an! Tüchtig und gut bin ich ja auch, was sollte ich also leiden? Wenn es so etwas gibt, dann bin ich eben in diesem Leben auf die Sonnenseite gefallen.»

Doch das Gesetz des Karmas geht tiefer. Es geht gar nicht um Schuld und Sühne, um Buße oder Gnade, um Pflichten oder Chancen. Es geht allein um Arbeit an sich selbst, um eine Entwicklung vom «Jetzt» zum «Danach». Und es geht um die Erkenntnis, daß die Entwicklung viel weiter reicht, als dieses bewußte Leben währt. Sie war vorher da und existiert danach weiter, sie ist nicht auf ein einziges Leben beschränkt, wenn sich das unsere Schulweisheit auch nicht vorstellen kann. Doch das Karma hat mit dieser Weisheit sowieso nichts zu tun, obwohl uns die Logik des Karmas noch verblüffen wird.

Dies alles ist aber Ratsuchenden meist schwer klarzumachen. Sie wollen in dem Moment, da sie einen Astrologen oder Psychologen oder anderen Lebensberater aufsuchen, nur einen Weg aus ihrem persönlichen, aktuellen Dilemma gewiesen haben. Wenn der Mann klagt, daß ihn seine Frau seit Jahren betrügt, er aber nicht von ihr loskommt, dann versteht er die Welt nicht mehr, zumal es «ihr» dabei gut geht, sie überhaupt nicht unter ihrem schlechten Gewissen leidet, während er nicht schlafen kann und alles täte, wenn sie nur zurückkäme, die große Verzeihung eingeschlossen.

«Wieso ist das Karma?» Und das sind noch harmlose Anklagen gegen das Schicksal.

Härtere stoßen die aus, die schwer krank sind, die leiden und nicht verstehen, wieso gerade sie die Krankheit befallen hat. Eltern verlieren ihre Kinder im Krieg oder durch einen Autounfall. Sie verzweifeln natürlich: «Was hat das mit dem Karma oder gar mit meiner Schuld zu tun? Habe ich den Krieg ausgerufen oder am Steuer des Lasters gesessen, der den Wagen unserer Kinder in den Straßengraben gestoßen hat?» Fragen, die keine plausible Antwort finden können, wenn wir uns an die realen Spielregeln unseres Lebens halten. Da gibt es Patienten, die durch den Kunstfehler eines Arztes im Rollstuhl sitzen. Sie müssen miterleben, daß der Arzt mit Orden ausgezeichnet und zum Ehrenbürger der Stadt ernannt wird.

Andere verlieren Prozesse, obwohl sie einwandfrei im Recht sind. Fehlurteile begleiten die Menschen durch die Geschichte, Unschuldige werden gequält und gefoltert.

Was hat dies mit einer höheren Gerechtigkeit zu tun?

Andere wissen von Chefs, die durch Bestechung und Steuerhinterziehung Millionäre geworden sind, während ihre Prokuristen für diesen Schwindel im Gefängnis landen. Künstler berichten von den bösesten Intrigen, doch die Intriganten sind gefeierte Stars. Dies alles sind sogar noch kleine Ungerechtigkeiten. Von den großen mögen wir gar nicht reden, die mit Leid, Hunger und Tod zu tun haben.

Wenn dann der Hinweis kommt: «Nichts geschieht ohne *auch*» – und hier müssen wir wirklich das Wort *auch* betonen – «eigene Schuld», schütteln diese Menschen meist nur den Kopf.

Oft bleibt als einziger Trost der Hinweis auf das Karma, um ihnen noch eine Entwicklungsmöglichkeit aufzuzeigen. Manche greifen dann nach diesem Gesetz. Sie wollen mehr wissen. Andere lachen die Berater aus, wenn sie mit diesen Argumenten kommen.

Und doch: Man säe nur diese Saat, häufig geht sie auf, wenn auch nicht im Moment. Denn mit dem Gesetz des Karmas ist ja auch eine große Hoffnung verbunden, und sobald der Mensch nur etwas Hoffnung in sich spürt, findet er auch Zugang zu seiner Seele, die ihn allein aus dem Dunklen führen kann.

Dies ist meist der Ansatz für die leidenden Ratsuchenden, um sie zu einer Einsicht in die Mitschuld zu führen, wie wir noch sehen werden, und eröffnet dann auch Möglichkeiten der Antwort auf die vielfältigen Fragen nach dem Sinn des Lebens. Dieser Sinn ist ja – nur auf das eine bewußte Leben bezogen – in der Regel überhaupt nicht zu finden, aber daß dieses Leben einen Sinn haben muß, das ist wohl unzweifelhaft. Dem fatalistischen Gebaren mancher Mitmenschen, daß ihnen nun, da es mit ihnen zu Ende geht, alles egal sei, ist der Satz von Martin Luther sinngemäß entgegenzusetzen, daß «wenn morgen die Welt untergeht, ich heute noch einen Baum zu pflanzen habe». Dies drückt so viel Einsicht in die großen Zusammenhänge aus, daß eben nichts zu Ende ist, wenn es auch so scheinen mag. Die Welt geht – auf den Kosmos bezogen – nicht unter, weil dies ja auch ohne Sinn wäre.

Auch wer das ablehnt, sollte sich einmal mit dem Karma und der damit verbundenen Reinkarnation ernsthaft beschäftigen. Wer dies tut, wird jedenfalls immer einen Gewinn davon haben, auch wenn er letztlich für sich zu einem «Nein» kommt.

Doch die Suche nach dem Karma lohnt sich.

Was heißt Karma?

Das Wort Karma – oder auch Karman – ist ein Sanskrit-Wort. Es entstammt also der Gelehrtensprache Indiens, die schon im dritten Jahrhundert vor Christi dort gebräuchlich war. Wörtlich übersetzt heißt es *Tat*. Es geht also um die Tat. Die Wortwurzel liegt aber auch im Begriff *Kri*, was soviel wie wirken heißt. Unsere Taten (alle!) wirken also. Karma ist folglich das Gesetz, nach dem sich die Taten der Menschen auswirken und zwar bis hin zur Wiederverkörperung. Karma spielt im Hinduismus, im Buddhismus, in der Theosophie wie in der Anthroposophie eine wesentliche Rolle. Es handelt sich um das Gesetz, nach dem jede Tat eine Wirkung hat, alles auf einer Ursache beruht, wie auf die Aktion eine Reaktion unvermeidlich ist. Dies wird in der westlichen Welt oft überwiegend im materiellen Geist gesehen, was das Wirken oder die Wirkung betrifft.

Esoterisch wird dieser Begriff der Wirkung völlig anders eingestuft. Hier wird von einer moralischen Aktion gesprochen oder auch von einer moralischen Vergeltung. Dabei darf das Wort Vergeltung nicht nur im negativen Sinn gedeutet werden. Es gibt durchaus eine positive Vergeltung, man denke nur an die guten Wünsche vieler dankbarer Menschen, die anderen zurufen: Vergelt's Dir Gott! Jede Tat, jede Handlung – das ist karmisches Urwissen – hat eine Folge, auch wenn wir keine direkt erkennen oder uns vorstellen können. Mehr noch: Alles, was jemand in Ursache setzt, wirkt letztlich in erster Linie auf ihn zurück. Wer also etwas bewirkt, der erleidet auch die Wirkung im positiven wie im negativen Sinn. Man erntet, was man sät, so hieß es schon vor undenklichen Zeiten. Das muß jeder bei seinen Taten beherzigen.

So ist Karma das Gesetz von Schuld und Verdienst – je nachdem. Die Folgen des Karmas gehen jedoch über das bewußte Leben hinaus, und die Ursachen liegen weit vor der Geburt zurück. –

Auch im Christentum war man lange dieser Meinung, denn die Auferstehung ist ja im tiefsten Sinn nur ein anderer Begriff für die Wiederverkörperung oder die Reinkarnation. Später wurde der Gedanke und Glaube an die Wiedergeburt unter Bann gesetzt, womit langsam aber sicher das karmische Denken in der westlichen Welt ausstarb, denn Karma bedingt geradezu die Wiedergeburt. Erst im vorigen Jahrhundert kamen diese Lehren aus der östlichen Welt erneut in die westliche Welt zurück, wo sie schnell Fuß faßten. Dies war selbstverständlich nur dadurch möglich, weil in der Seele der Menschen der westlichen Welt die Erinnerung, der Glaube, die Überzeugung an die Wiedergeburt weiterlebte. Ein Bann kann nicht Erfahrungen der Seele auslöschen, ein Bann kann nur aus dem Denken und Handeln etwas verdrängen.

Das Gesetz des Karmas beruht folglich auf dem Zusammenhang zwischen den Taten der Vergangenheit und unserem jetzigen bewußten Schicksalsablauf. Karma strebt ferner – im weitesten Sinn – nach dem Ausgleich, den einmal jeder für sich finden muß, der aber auch im Kosmos, in der Gesamtheit existent sein muß und daher ist.

So ist es vielleicht zu verstehen, daß Astrologen im Horoskop gerne die Mondknotenachse als karmischen Hinweis betrachten, weil es hier um die Suche nach der Mitte geht. Gehen wir auf die Suche nach unserer Mitte, werden wir sicher auch einem karmischen Gesetz in uns begegnen. Nach dem Karma werden wir ja solange mit einem Problem konfrontiert – oft mehrere Leben hindurch –, bis wir das Problem angenommen, begriffen und gelöst und uns damit von ihm befreit haben.

Im alltäglichen Leben wird dies deutlich, da wir immer wieder die gleichen Fehler machen, bis wir endlich ein*sichtig* werden, also sozusagen in uns hineinsehen. Erst dann wachsen wir über uns hinaus.

Das Karma verlangt von uns, das eigene Leben – und

zwar so, wie es sich uns zeigt – als tiefe Aufgabe anzunehmen *und* die Verantwortung für den Schicksalsablauf zu übernehmen. Wer auch nur eine seiner Taten auf die Umstände, auf den Zufall, auf das Böse des anderen schiebt, der bleibt in seiner Entwicklung nicht nur stehen, er fällt zurück, und er wird so lange mit den «bösen Umständen» konfrontiert, bis er einsieht, daß hier eigene Schuld mit im Spiel ist. Sucht dagegen jemand – was den Ablauf des Lebens betrifft – nach der eigenen Schuld, dann wird er leichter den Sinn des Karmas erkennen.

Und gerade hier kann das Horoskop, damit die Astrologie gute Hilfestellung geben.

Sicher ist unzweifelhaft, daß sich der Verstand gegen ein vorheriges wie gegen ein zukünftiges Leben wehrt, aber der Verstand ist nur auf die Bedürfnisse des bewußten Lebens angelegt. Im Gegensatz dazu steht unser Unterbewußtsein, das alle Erfahrungen speichert und weiter denkt, als der Verstand es vermag. Man denke nur an den Schlaf, der ja stets als der kleine Bruder des Todes bezeichnet wurde. Der Schlaf trennt uns vom vergangenen Tag, auch von den Taten dieses Tages. Aber die Seele schläft nicht, sie bewahrt die Taten auf, sie arbeitet das Gewesene durch, und wenn wir am Morgen aufwachen, neu geboren werden – so fühlen sich ja gesunde Menschen meist –, nehmen wir unsere Taten der letzten Wochen, Monate, Jahre mit in den neuen Tag.

Ein großer Irrtum besteht nun darin, daß Menschen meinen, sie wären nur für die Handlungen verantwortlich, die sie mit Bewußtsein getan haben. Daß dies eine Selbstlüge ist, weiß jeder, wenn er anderen aufmerksam zuhört. Da heißt es immer wieder: «Ich weiß nicht, was über mich kam!» Hier wird also zugegeben oder als Ausrede verwendet, daß wir es mit verborgenen Kräften seelischer oder antriebsmäßiger Art zu tun haben, deren Wurzeln in uns selbst liegen. Ein Dichtersatz formuliert dies prächtig: «Laßt uns stets daran denken, daß uns nichts geschieht, das nicht von unserer Natur ist.»

So gibt es auch keinen Zufall, weil uns nur *zufällt*, was von uns anvisiert wurde. Das Karma ist konsequent, daher müssen wir jede unserer Handlungen auf die Konsequenzen prüfen, wenn wir auch immer wieder meinen, dem Leben ein Schnippchen schlagen zu können.

Daher hat Karma nichts mit Fatalismus zu tun! Der Mensch besitzt die Freiheit seiner Taten – zumindest muß er die Verantwortung dafür übernehmen. Ob er nun opportunistisch denkt, sich dem Druck der Verhältnisse beugt, weil er nicht anders konnte oder getrieben war – egal, welche Begründungen sein wacher Verstand ihm einredet: Das Schicksal, das jeder erlebt, ist eine Frucht unseres individuellen Denkens, wie es auch die Astrologen wissen.

«In Deiner Brust sind Deines Schicksals Sterne!»

Wir können uns zwar als Sklaven der Vergangenheit bezeichnen, aber wir sind die Gestalter unserer Zukunft. Um uns aber diese Zukunft nicht zu verstellen, benötigen wir ein Geburtsbild, welches uns die Möglichkeiten aufzeigt, aus unserem Erbe herauszuwachsen und von daher neu zu wirken.

Haben wir dies erkannt und angenommen, bringt uns das Karma einen Schritt in der Entwicklung weiter. Wir verstehen allmählich die von uns persönlich empfundenen Ungerechtigkeiten und Ungleichheiten des täglichen Lebensablaufes um uns herum und anderswo, und allein dies ist bereits ein ungewöhnlicher Entwicklungsschub. Diese Erkenntnis ist notwendig, damit wir nicht verbittert, ungerecht, ja neidisch denken und handeln oder gar die Schöpfung fluchend anvisieren. Nun erst werden uns die verschiedenen Startchancen des Individuums verständlich.

Denn nicht nur von den Talenten, den gesundheitlichen Voraussetzungen, der Grundlebenseinstellung, dem Gemüt, dem Temperament her sind unsere Startchancen im bewußten Leben verschieden, sondern auch durch die Wahl des Milieus, die scheinbar vom Schicksal vorgenommen wird. Letzteres ist sogar das Entscheidende! Und die Inder wußten eben, daß jemand immer wieder in seine

Kaste hineingeboren wird, ehe er irgendwann einmal aufsteigen kann. Es ist für den Lebensstart gravierend, in welches Milieu ich hineingeboren werde, da mögen Gesellschaftspolitiker und Soziologen noch soviel von Chancen für alle sprechen. Es sind nur Ausnahmen, die die Regel bestätigen, und im karmischen Sinn handelt es sich hier um die Seelen, die in sich eine tiefe Wandlung auf dem Weg zum Höheren vollzogen haben.

Es geht um die schon angesprochene Konsequenz, die im karmischen Gesetz enthalten ist, die wir respektieren und annehmen müssen, was auch heißt, unterschiedliche Startchancen als gegeben hinzunehmen und sie nicht als ungerecht zu bezeichnen, womit wir uns automatisch um weitere Chancen bringen. Beispiel: Das Kind eines Arztes bekommt von Haus aus in der Regel viel mehr Bildungsmöglichkeiten geboten – um nur einen Teilaspekt aufzuzeigen – als die Tochter oder der Sohn eines Gelegenheitsarbeiters. Dies bedeutet nun nicht, daß der Nachkomme des Gelegenheitsarbeiters nicht eines Tages das Arztkind übertrumpfen kann, aber er muß eine ungleich höhere Kraftanstrengung und Leistung erbringen, um den gegebenen «Vorsprung» des Akademikersprosses aufzuholen. Und diesen Teilaspekt können wir erweitern auf Gesundheit, auf Erziehung, auf das Auftreten usw.

Damit führt uns das Karma zu einem weiteren sehr wichtigen Aspekt, das ist der der Vererbung. Was haben wir von der Familie geerbt, was haben wir aus den Vorinkarnationen in dieses bewußte Leben mitgebracht, das nun weiter entwickelt werden soll?

Denn für das Karma ist bedeutsam, was wir aus der Mischung vom vor-karmischen Bereich und dem Familienerbgut machen! Wer sich also das menschliche Dasein nur als *ein* Leben vorstellen kann, der vermag kaum in seine Tiefe, in seine Seele zu schauen. Er muß zudem alles, was er erlebt, erleidet, erfährt, als ein willkürliches Spiel des Zufalls hinnehmen, und er läuft Gefahr, die Ungerechtigkeit der Schöpfung zu verdammen und sich ihr willenlos auszuliefern.

Menschen, die so leben, ohne den tiefen Sinn hinter allem zu suchen, werden weder glücklicher noch erkenntnisreicher als diejenigen, die das Leben als Aufgabe annehmen, auch wenn sie wissen oder es zumindest ahnen, daß das bewußte Leben nur eine von vielen Etappen darstellt, die wir aber auszufüllen haben, um einmal – über viele Reisen hinweg – ans Ziel zu gelangen. Diejenigen aber, die wissen – wobei wir *wissen* in Gegensatz von *glauben* setzen –, daß es ein Karma gibt und wir uns diesem Gesetz nicht unterordnen, sondern einfügen müssen, die gehen mit einer neuen Sicherheit an die Lebensbewältigung heran. Ihnen wächst meist ungeahnte Kraft zu, ihr Leben nicht nur notdürftig zu meistern, sondern von sich aus mitzugestalten. Da liegt der große Unterschied. Jede Schwierigkeit wird dann mit der Gewißheit bewältigt, daß dies wieder eine Stufe auf dem Weg zum Ziel ist, die erreicht worden ist. Jede Hemmnis, jede Niederlage, jeder Schrecken verliert so seine vordergründige Grausamkeit, denn es handelt sich um Zuwachsenergien, die dem Seelenwachstum zugute kommen. Dies allein kann das Leben von Grund auf ändern, weil jeder nun für seine Taten einsteht, sich den Folgen stellt und die Verantwortung nicht mehr auf andere oder die Umstände abschiebt.

Immer gab es – und gibt es – Menschen, die mit bewundernswertem Heroismus ihr Leben bewältigt haben, weil es für sie um eine Aufgabe, um ein Ziel ging, weil ihnen Würde mit Leistung verbunden war und Leistung Würde schenkte. Aber es geht noch weiter. Das Karma gestattet nicht mehr, von Glück oder Unglück zu sprechen. Glück ist ein Geschenk der Leistung, Unglück ein Ansporn, wobei es nicht um das äußere Glück eines billigen Vergnügens oder um einen Lottogewinn geht, sondern wir müßten für das Wort *Glück* den Begriff *Fortune* verwenden, da Fortune von innen, nie von außen kommt. Das spiegelt sich allein schon in der Tarot-Karte Fortune wider, die aber auch das ewige Ringen im karmischen Sinn, den Ab- und den folgenden Aufstieg zeigt.

Abb. 1 Tarotkarte «Fortune»

Hier kann wirklich von der karmischen Karte des Tarot gesprochen werden, und da ein Bild mehr als tausend Worte sagt, betrachte man sich in diesem Zusammenhang einmal diese Karte meditierend. Dies führt uns schließlich auch zu den *gedanklichen Taten,* die wir nie vergessen dürfen, wenn uns auch oft der Mut fehlt, unsere bösen Gedanken auszuführen. «Säe einen Gedanken» – so heißt es – «und Du wirst eine Tat ernten. Säe eine Tat und Du wirst eine Gewohnheit ernten, säe eine Gewohnheit und Du wirst einen Charakter ernten, säe einen Charakter und Du wirst ein Schicksal ernten.» Dies beinhaltet: Stein auf Stein zu setzen, ohne zu fragen, lohnt es sich, zahlt es sich aus? Erst ohne diese Fragen gewinnen wir innere Ruhe und Kraft. Damit allein können wir auch das Alter annehmen und fallen nicht in Verzweiflung, wenn auch in erlaubte Enttäuschung, daß die Jugend schwindet und die körperliche Kraft nachläßt.

Karma und Kosmos

Zwischen Karma und Astrologie bestanden und bestehen mit Sicherheit tiefe Beziehungen. Erst mit der Folgerichtigkeit des karmischen Gesetzes können wir uns in den Rhythmus des Kosmos einbeziehen und einfügen. Das bedeutet für den Astrologiekundigen auch zu ersehen, ob sein persönlicher Rhythmus sich in die Planetenzyklen eingebettet hat. Handeln – wenn die Zeit zum Handeln gekommen ist, warten – wenn die Zeit der Ruhe da ist, so wie es uns in etwa der Mond mit seinen Ebbe- und Flutgesetzen vormacht. So führen uns auch vorausschauende Horoskoptendenzen auf den Weg des Karmas. Und es gibt karmische Zyklen, die aus den Planetengesetzen verständlich sind. Im Horoskop eines Individuums sind nun die großen wie die kleinen Rhythmen gut auszumachen, wobei allerdings darauf hinzuweisen ist, daß der einzelne gar nicht bewußt die großen Rhythmen der langsamen Planeten erleben kann. Das bewußte Leben ist ja gerade für einen Uranusumlauf von zirka 84 Jahren angelegt! Aber jeder von uns trägt auch diese großen Rhythmen in sich, sonst würde er auf Klein-Abschnitte dieser Zeitgesetze gar nicht reagieren können. Und je mehr sich Menschen gerade in neuester Zeit den großen, den langsamen Planeten und ihren Rhythmen zuwenden, um so mehr geht damit Hand in Hand, daß sich die Menschen – nun auch der westlichen Welt – dem ewigen Gesetz des Karmas anvertrauen.

Im Horoskop nun ist die persönliche Qualität der Zeit erkennbar. Oder: «Was jemand in seiner Zeit erlebt, das ist sein Schicksal, das aber von seinem Charakter gestaltet wird.» Wenn etwas charakterbildend ist, dann der Ablauf der Zeit im Zusammenspiel mit dem in dieser Zeit erlebten Schicksal.

Wie das Horoskop eines nicht kennt, nämlich Strafe oder

Lob, so auch das Karma nicht. Karma belohnt nicht, wenigstens nicht in dem Sinne, daß nach einer guten Tat das Schicksal danke sagt, oder nach einer bösen Tat das Schicksal Dich straft. Nein, Strafe wie Belohnung liegen in einem selbst. Dazu gibt es zu viele Chancen, die nicht sofort und auf der Stelle genutzt werden müssen, was wir auch im Horoskopbild erkennen können, etwa wenn wir hier einen Drachen finden. Der Mensch wird *von* seinen eigenen Sünden bestraft und nicht *für* seine Sünden. Auch läßt sich der Begriff Sünde nicht auf ein von Menschen erfundenes moralisches Gebaren herabwürdigen, was ja zu vielen «künstlichen» Sünden geführt hat, indem jemand verkündigt, dies oder jenes sei Sünde, dies oder jenes aber nicht. Was Sünde ist, das weiß der einzelne sehr genau und das hat nichts mit Erziehungsdogmen zu tun.

Im Horoskop erkennen wir, was Sünde ist, an dem, wo wir unser Gewissen widergespiegelt sehen, also am Mond und dessen Aspekten. Das Karma ist da eindeutig wie das Horoskop: «Wer leidet – verdient sein Leiden. Wer sich freut – erntet, so er gut gesät hat.»

Belohnung und Strafe sind also für das Karma unwesentlich, so daß es auch nicht zweckmäßig erscheint, wenn jemand mit dem Karma droht. Karma ist kein Erziehungsmittel, das man auf andere anwenden kann, sondern nur auf sich selbst. Und dazu brauchen wir das Horoskop, um dies vielleicht schneller erkennen zu können.

Jede Ursache hat ihre Wirkung, diese Erkenntnis ist wichtig. Das sind die zwei Seiten einer Münze, die stets zusammengehören, aber doch nur getrennt gesehen werden können.

So bringt uns das Karma auch zu einer wie selbstverständlichen Deutung unserer Lebensvorgänge, die sich ganz nach der individuellen Persönlichkeit orientiert, was uns zu einem weiteren Wissen führt: Genialität ist nicht im Horoskop erkennbar.

Genie ist nach ältester, gelehrter Auffassung ein Karma-Produkt. Die großen Genies unserer Geschichte von Aristoteles über Paracelsus zu Kepler und Goethe, zu Shakespeare oder Einstein hin, sie können nicht das Produkt *eines* Lebens sein. Geniale Wunderkinder wie Mozart oder Beethoven fallen so aus dem Rahmen ihrer Zeit und ihrer Umgebung und erst recht aus ihrer Familie heraus, daß man sich fragen muß: «Von wem hat der oder die das geerbt?»

Das gilt für Künstler, Politiker, für Seher, Religionsführer, für Märtyrer, für Heilige, für Missionare oder Erfinder auf der ganzen Welt, wie es auch im anderen Falle für die entarteten Verbrecher unserer Geschichte, für Diktatoren, Tyrannen und vielfache Mörder gilt. Wieso ballt sich also in einem Menschen so viel zusammen, was nicht im Geburtsbild erkennbar ist, aber auch nicht im Erbe seiner Familie? Antwort: Das Karma, das die Wege nach oben und unten offenläßt, zum Hohen und zum Niedrigen, gestaltet diesen Menschen derart, bis er sich so komplex entwickelt, daß er aus der Masse herausragt. Wenn einer sein Kreuz nicht aufnimmt, trägt und abstellt, sondern sich beharrlich weigert, seinen Kreuzgang anzutreten, dem wird das Kreuz so schwer, daß er aus Angst vor einem noch schwereren Kreuz den Versuch macht, dieses Kreuz dann doch abzutragen.

Wer sich stets bemüht, besondere Leistungen zu erbringen, dem werden immer mehr Leistungen abgefordert, bis sich auch hier eine Kraft angesammelt hat, die dann zur genialen Leistung hin zu explodieren scheint, denn es geht auf dieser Welt nichts verloren. Kein Wesen und kein Gedanke, keine Tat und keine Energie. Jeder wird eines Tages auf seinen Weg geführt, wenn er auch erfahren muß, daß er bis dahin manchen Bitterniskelch leeren mußte, ehe sich ein Wandel zum Besseren einstellte. Erst dann ist ein Erwachen (im tiefsten Sinn) möglich.

Das Gesetz des Karmas ist vollkommen – da braucht es keinen Richter. Richter über sein Handeln ist stets der Handelnde selbst.

Daher führt das Karma auch die Handelnden zusammen, durch Liebe oder Haß. Sicher ist nicht jede Begegnung im

Leben karmisch, aber die karmischen Begegnungen und Bindungen, die prägen, die sind unverkennbar – ob diese Bindung nun hält, befruchtet oder auseinanderstrebt. Und dieses magnetische Karma enthält dann die Saat für weitere karmische Aufgaben. Wer kennt nicht die spontanen Anziehungen von Mensch zu Mensch, was wir im Horoskop als Anima/Animus-Bindung etwa erkennen, wer kennt nicht die eruptiven Ablehnungen, die auch aus dem Geburtsbild zum Teil zu erkennen sind! Wer kennt nicht die sogenannten schwarzen Schafe in einer Familie, im Kollegenkreis, in einem Verein oder in irgendeiner Verbindung!

Das Karma sagt ja auch, daß niemand etwa willkürlich in eine Familie hineingeboren wird, auch dies ist gesetzmäßig. Jeder wird in die Familie geboren, in der er eventuell eine Schuld abzutragen hat oder um an der Familie durch einen schwer zu behandelnden Elternteil oder schwierige Geschwister vielleicht etwas gutzumachen, beziehungsweise durch diese einen Reifungsvorgang zu absolvieren.

Dies geht bis ins Berufliche. Wer vielleicht in seinem Vorleben ein Schreiber, ein Sekretär war, der wird mit Sicherheit in eine Familie reinkarniert, in der er seine Erfahrungen auch auf dem einst begonnenen Weg fortsetzen kann. Die Seele sucht sich durchaus den ihr passenden Körper aus. Das Karma führt also Menschen zu- oder auch voneinander. Jeder hat dies wohl schon mal erlebt. Da gibt es seltsame Zusammentreffen plötzlichster Art. Man schaut sich in die Augen, kennt sich oder hat eine tiefe Beziehung zueinander im positiven wie im negativen Sinn.

Denn eines soll sich nicht ändern: der Ausdruck der Augen. Die Farbe der Augen schon, nicht aber die Augen, die ja als das Fenster der Seele angesehen werden. Daher müssen wir dem anderen in die Augen schauen, um zu wissen, wie man miteinander steht.

Es gibt durchaus Menschen, denen es sehr schwer fällt, anderen in die Augen zu schauen. Sie haben sicher mit eine karmische Angst, Augen zu begegnen, die ihnen Furcht einjagen. Das kann durchaus aus Vor-Inkarnationen stammen. Mit dem Blick in die Augen des anderen weiß man, ob man einen Beistand, einen Wegweiser, einen Konkurrenten, einen Gegner, einen Freund hat. Dies allerdings muß karmisch erfahren, ja man kann sagen erlebt werden, da die Augen sich in allen Leben gleichen.

Wer nur einmal seine letzten 10 Jahre zurückblickt, erkennt, daß alle ernsthaften Begegnungen für ihn von ungeheurer Wichtigkeit waren, daß viele Begegnungen inspirierend, andere hemmend waren. Nur ist die Frage: Habe ich die Hemmungen überwunden, meine Lehren daraus gezogen, habe ich das Inspirierende einer Begegnung genützt? Das Karma sagt: Man wächst am Schweren, wenn man nur wachsen will. Die Selbsttäuschung also, der andere hat mich gehindert, hat mich zunichte gemacht, erkennt das Karma nicht an.

Dabei geht es nicht um einen Sieg über einen anderen, sondern um die Richtung der Auseinandersetzung. Wir können andere Menschen ja nicht ändern, nur unsere Einstellung zu ihnen. Und damit sind wir wieder im kosmischen Bereich.

Anhand der Partner-Horoskope ist zu erkennen, welche scheinbar willkürlichen Zusammenführungen wir im astrologischen Sinn erfahren, und doch liegt in jeder Zusammenführung eine Aufgabe, der wir uns stellen müssen. Nicht ohne Grund endet das stärkste karmische Haus am Du-Punkt, wie wir noch sehen werden. Alles ist also bedeutungsvoll, auch da, wo die Liebe einschlägt und mitspielt, denn echte Liebe ist sicher karmisch und damit unvermeidbar, aber auch verpflichtend.

So bekommen wir auch Antwort auf die vielen Fragen, die man horoskopisch nicht beantworten kann, warum etwa dieses Kind jene Eltern gefunden hat. Wieviele Kinder träumen in ihrer Kindheit den Traum, daß ihre Eltern auf Erden ja nur Stiefeltern wären, sie von ganz anderer Herkunft sind! So grundfalsch braucht dieser Traum gar nicht zu sein, das mögen durchaus berechtigte Fantasien sein, genauso wie sich viele Eltern immer wieder fragen müssen: Wieso ist dies unser Kind? Das Kind ist doch ganz anders als Vater und Mutter, und seine Eigenschaften gab es in unseren beiden Familien nicht! Auch vom Horoskopischen her kann oft keine Beziehung von Eltern und Kindern gefunden werden, nicht immer ist ein Elternteil in Sonne, Mond, Saturn oder im IC und MC zu sehen. Wer einige tausend Horoskope durchgearbeitet hat, weiß dies.

Nach dem Karma sind das einzige, was wir von den Eltern geerbt haben – und dies mehr oder weniger –, der Körper und gewisse Charakterzüge, nicht aber die Seele oder die wiederkehrende Einheit des Bewußtseins, was nichts an der jeweiligen Vater/Mutter- und Kindesliebe ändert. Und wenn es starke Bezüge gibt, dann aus dem Grund, daß die Seele den Körper der Mutter wählte, weil dies zur Verarbeitung einer Summe vergangener Karmas dient. Das erklärt auch, warum *nicht* das Empfängnishoroskop wichtiger als das Geburtsbild ist, weil die Seele in den Körper dringt, während das Neugeborene den ersten Schrei ausgestoßen hat *und* abgenabelt wird. So wird kein Kind zufällig in eine Familie geboren, und ebenso wird keine Seele abgetrieben, um dies auch klarzustellen. Jeder Körper erhält im Moment seiner Geburt seine Seele. Doch wie kann man sich dies vorstellen?

Nun, im Buddhismus gibt es dazu eine schöne Analogie. Das Leben wird dort als eine (oder wie eine) Flamme angesehen. Die Seelenwanderung ist wie die Wanderung von einem Brennkörper zum anderen. Zünden wir eine Kerze mit Hilfe einer anderen an. Die Flamme, die neu entsteht, ist sozusagen die übertragene Flamme auf einer neuen Kerze. Jede Kerze vergeht, schmilzt dahin, die Flamme erlischt scheinbar, ist aber wie aus dem Nichts durch einen Geburtsmoment wieder da. Und eine Flamme ist auf jeder beliebigen Kerze zu entzünden, das Licht, die Flamme kommt nie von der Kerze (dem Körper) selbst. Die Flamme ist ihrem Wesen nach Licht und als solches allen gemeinsam, wenn sie auch auf einer Kerze brennt. So ist das mit der Seele. Die Seele wählt ihren Körper, sie beseelt ihn im Moment der Geburt. Sie kommt aber nicht aus dem Körper, und wenn der Körper verlischt, dann ist die Seele zwar unsichtbar, aber nicht auch erloschen! Darum existiert der weitverbreitete Glaube, daß man zum Jahreswechsel beim Verlöschen einer Kerze sich etwas wünschen kann, weil eben die Flamme (das Licht) unsichtbar weiter existiert und dieser Wunsch mit der Flamme auf einem anderen Körper zu einer anderen Zeit neu entzündet werden kann.

Dieser Körper wird – wie gesagt – nicht zufällig, sondern folgerichtig gewählt. Ein Rechtsgelehrter wird eben in eine juristische Familie reinkarniert, so daß wir durchaus erleben können, daß Kinder das Werk ihrer Eltern fortsetzen. Eine Seele, die um künstlerische Dinge ringt, wird sicher in einer künstlerisch ausgerichteten Familie zu neuem Leben entflammt. Aber es ist durchaus auch möglich, daß in eine Familie eine fremde Seele Licht bringt, um diese Familie aus einer Lethargie zu reißen. Wer so versucht die Schleier des Karmas – einen nach dem anderen – wegzuziehen, der wird zwar immer wieder vor einem Schleier stehen, aber doch dem Erkenntnisziel näher kommen. Und wie viele Schleier öffnen sich dann im Leben! Man erinnert sich an alte Gemeinsamkeiten, die nicht aus dem bewußten Leben stammen. Andere fühlen sich in der Fremde plötzlich wie zu Hause, kennen sich in geheimnisvollen Städten aus, als hätten sie da schon gelebt. Manche erinnern sich haargenau an Personen, die sie nie vorher gesehen hatten, so daß sie Reaktionen treffend voraussagen können.

Der Tod ist nicht das Ende. Vielleicht das Ende des bewußten Lebens als ein Entwicklungsabschnitt, genauso wie im Horoskop der Tod der Seele nicht abzulesen ist.

Und noch eines, was Astrologie und Karma zusammenführt. Im Horoskop ist nicht das Milieu erkennbar, in welches ein Mensch hineingeboren wurde. Karma-Kenner vertreten nun die Ansicht, daß die Wiedergeburt aber doch etwa auf dem gleichen Milieu stattfindet. Man denke da nur an die indische Kastenlehre. Sicher ist aber, daß der Mensch wohl nicht zu einem Tier oder einer Pflanze wird, sondern daß die Seele eines Menschen sich auch wieder in einem Menschen verkörpert. Bei der Entwicklungsgeschichte der Menschheit ist dagegen natürlich die Seele einmal vom Tier zum Menschen gewandert. Aber der Mensch erinnert sich meist nur an die vorherigen Leben, die er als Mensch absolvierte. Sicher möchte manch einer ein Vogel oder ein Panther gewesen sein, aber das sind Sehnsüchte nach Freiheit und Wildheit, die auch durchaus im Menschen leben können.

Ein Haupteinwand gegen die Reinkarnation ist damit also beantwortet, nämlich der, daß sich die wenigsten an das Leben vorher erinnern können. Nun, die wenigsten versuchen es! Ihr Verstand verdrängt solche Möglichkeiten, so daß die Seele darauf keine Antwort geben kann. Wenn man will, bekommt man sie – beispielsweise in Träumen oder in Begegnungen mit anderen Menschen, zu denen man plötzlich eine tiefe Beziehung entdeckt. Hinzu kommt: Das Gehirn eines jeden Lebens ist neu, für dieses Leben geschaffen, nicht aber die Seele. Und wer diese öffnet, der öffnet auch sein tieferliegendes Gedächtnis, das ihn zurückführt. Gerade hier kann die Arbeit mit dem Horoskop sehr hilfreich und unterstützend sein.

Karma und persönliches Schicksal

Jeder Mensch ist unsterblich, was seine Seele betrifft. Körper und Verstand sterben, während sich die Seele irgendwann und irgendwo – aber nicht ziellos – einen neuen Körper und Verstand wählt, und jede Seele wird genau in die Umgebung hinein reinkarniert, wie sie es verdient, beziehungsweise wie es für die weitere Entwicklung richtig erscheint. Jeder neue Lebensumstand ist ein Kreuzpunkt unseres Schicksalsweges. Dies alles verstehen wir unter dem Begriff Karma. Die Seele muß sich dabei auch mit den körperlichen Erfahrungen auseinandersetzen, sie mittragen, ja auslösen.

In vielen Büchern, die sich mit dem Karma und seinen bewußteren Folgen beschäftigen, werden in die Grundüberlegungen beispielsweise auch viele Krankheiten und Beschwerden einbezogen. So sollen Halskrankheiten auf einem einstigen falschen Stolz beruhen, Schulterbeschwerden lassen auf einen früheren mangelhaften Sinn für Verantwortungsübernahme schließen, wobei also die Verantwortungsfreudigkeit in diesem Leben erlernt und umgesetzt werden muß. Kniebeschwerden weisen darauf hin, daß früher die Tendenz bestanden haben mochte, sich anderen oder den Umständen zu sehr anzupassen. Und dies schafft dann wieder einen Bezug zum Astrologischen. Hier erkennen wir die Krankheiten eines Menschen in den Häusern 6, 8 und 12. Dies übrigens führte mit zur Findung des vor-karmischen Horoskops.

Es geht aber hier nicht darum, die Gesetze der Karmabezüglichkeit – was die Körperauswirkungen krankheitlicher Art betrifft – zu erläutern, da sei auf das Literaturverzeichnis verwiesen. Doch eines sei betont: Dem Krankheits-Karma kann durch ein hilfreiches Verhalten entgegengewirkt werden, so daß noch im bewußten Leben Erleichterung zu erreichen ist. Das Karma wirkt nicht nur im nachfolgenden seelischen Erleben.

Es wirkt erst einmal in unserem bewußten Leben deutlich. Das «kosmische» Urgesetz, wonach im psychischen/physischen Bereich stets jede Ursache ihre Wirkung hat, ist der Punkt, da sich Astrologie und Karma treffen, weil ihre Wurzeln gleich sind. Die *zeitliche* Ausrichtung kosmischer Geschicke ist – welcher Astrologe weiß dies nicht – oft verschieden, doch sie kommen. Oder anders: Wenn wir nur an die dreimaligen Transitübergänge der langsamen Planeten denken! Der erste Übergang – meist harmloser Art – ist eine Warnung, da können wir uns noch besinnen, der zweite Übergang führt zu einer Krise, nun müssen wir etwas tun, um aus dieser Krise herauszukommen, sonst gehen wir an ihr zugrunde. Das Karma gibt uns also Zeit, uns zu stellen. Daher können wir auch hier sagen: «Der Mensch ist der alleinige Schöpfer und Lenker seines Geschicks.»

In der Astrologie wie in allen Human- und Erfahrungswissenschaften spielt die Zahl Drei eine bedeutende Rolle. Nicht ohne Grund – glauben wir an den tiefen Sinn des Kosmos – sind die entscheidenden Transitübergänge dreimal, haben wir 3 seelische Phasen, die durch die Progressionen (sekundär) des Mondes bedingt sind. Das Dreieck bedeutete immer ein Gotteszeichen, es ist das Symbol der Pyramide, da aus einer breiten Basis heraus zur Spitze gestrebt wird. Die Drei ist auch die Zahl der Feuer, die in der menschlichen Seele brennen: Begierde, Haß und Illusion. Mit der Drei müssen wir uns also auch karmisch auseinandersetzen, wie wir auch im Horoskop auf den Tierkreis bezogen drei karmische Bezugspunkte haben, wie noch gezeigt wird. Wir dürfen also, das lehrt die Drei, nicht einseitig denken oder handeln, nicht einmal nach der Zwei haben wir ausgerichtet zu sein, sondern wir sollen außer dem Ich und dem Du noch den Kosmos einschließen. Zu sagen: «Man lebt nur einmal», ist daher auch die Anfangsstufe. Genauso, wenn jemand auf dem Standpunkt steht, alles auszunutzen, was sich ihm bietet. Das erweckt nur weitere Begierde, deren Begleiter die Furcht ist, alles zu verlieren. Dies führt uns zur Aggressivität, bringt uns Neid ein und entwickelt Mißgunst und eine feindschaftliche Einstellung. Wir sehen nicht klar, wenn wir mit einem Auge sehen, wir sehen kaum klar, wenn wir mit zwei Augen sehen, daher müssen wir lernen, unser inneres Auge zu schulen oder zu wecken, damit wir drei-dimensional sehen lernen. Oft schielen Menschen auf das Glück der anderen, anstatt für das eigene Glück etwas zu tun, so verlieren sie ihre Harmonie, ihren Ausgleich, das Ziel eines jeden Karmas.

Indische Philosophen sagten einst: Es folgen aufeinander Unwissenheit – Wunsch – Wille – Gedanke und Tat. Erst kommt Unwissenheit, aus der sich Wünsche ergeben. Wünsche wecken den Willen, der zu festen Gedanken wird, die schließlich zur Tat führen. Hier können wir in den 5 Stufen, die auch dazu auffordern, unsere fünf Sinne zu gebrauchen, jedes Mal verhängnisvolle Entwicklungen stoppen. Und dies liegt an uns, am einzelnen.

Was das Karma nicht verzeiht, ist das Beklagen über ein böses Schicksal, da sich ja jeder sein Schicksal selbst schafft. Es besteht ein altes okkultes Gesetz, nach dem sich kein Mensch über seine menschlichen Schwächen erheben kann, ohne damit auch seine Umgebung zu erhöhen. So vermag auch keiner zu sündigen, ohne andere mit in diese Sünden herunterzuziehen. Keiner von uns lebt allein – selbst wenn er allein lebt! Es ist ferner auch nicht so, daß der Mensch nur für das verantwortlich ist, was er bewußt tut. Wenn jemand «unbeabsichtigt» einem anderen – also Autofahrer vielleicht – Schaden zufügt, darf er nicht meinen, dafür trage er keine Verantwortung. Das Karma jedenfalls befreit ihn davon nicht.

Das müssen wir verstehen! Daher wiederholen wir hier auch die These: «Wie wir denken – so sind wir.» Gutes oder böses Denken wird jeweils den Körper, das Gesicht zeichnen, man schaue sich nur einmal die Gesichter seiner

Mitmenschen an. Hat nicht jeder den Gesichtsausdruck, den er verdient? Allein daraus erklären sich oft Sympathie und Ablehnung, für die der einzelne glaubt nichts zu können. Kann er wirklich nichts dafür? Die erste Frage, die sich stets stellt, ist die nach der Verantwortungsübernahme für das, was ich tue, und diese Verantwortung muß ich übernehmen – nicht nur im Hinblick auf das jetzige bewußte Leben. Ebenso muß mir klar sein, daß es kein gutes und kein böses Karma gibt. –

In der Psychologie könnte das Karma ein wichtiger Baustein sein, um jemand auf seinen Weg zu bringen. Jeder von uns weiß, wie sehr mancher unter seinem unglücklichen Geschick leidet, wenn gar nichts zu gelingen scheint, wenn man erfahren muß, daß die Steuerung des Lebens nicht nur in unserem Willen, in unserem Verstand liegt. Erst durch das Annehmen des Karmas begreifen wir, daß ein Unglück ein Glück darstellen kann, damit wir uns viel verantwortungsvoller – auch unserem Handeln gegenüber – einstellen und so die Vorsignale der Seele erkennen, die berühmten Omen, die wir zu beachten haben. Ein Unglück hat fast immer ein Vorsignal, je härter dieses, um so größer die Notwendigkeit, sich vor eigenen Fehlern zu bewahren.

Jeder Psychologe weiß ferner, daß Glück nicht immer Gutes bedeutet, sondern oft nur eine Vorstufe zum Unglück ist. Glück verführt besonders dann, wenn es als Verdienst betrachtet wird. Die Menschen werden stolz, überheblich, hochmütig und können nicht mehr begreifen, daß sich das Glück umzukehren vermag.

Dies bedeutet: Wir erfahren auch schon in unserem bewußten Leben eine Schulung durch das Karma, das aber nicht mit der Erbsünde verwechselt werden darf! Erbsünde ist eine Last, die wir von unseren Vätern und Müttern übernommen haben bis ins vierte Glied. Das Karma sind wir selbst, das kommt aus uns, lebt in uns, wirkt in uns!

Wenn zum Psychologen oder zum Astrologen (am besten beides in einer Person) ein Ratsuchender kommt, der an

Komplexen leidet, dann muß mit in Betracht gezogen werden, daß diese Komplexe durchaus nicht «nur» aus diesem Leben stammen müssen. Hier ist zu fragen, ob es sich nicht auch um Ablagerungen unbewältigter Handlungen aus der Vor-Inkarnation handelt. Dies gilt für charakterliche Belange wie für moralische Schwächen. Sicher sind diese – so betrachtet – auch aus dem Geburtsbild zu erkennen, aber eben nicht vollständig. Daher bleiben Fragezeichen. So vermag der Astrologe und Psychologe nur etwas in Ordnung bringen (oder dazu seine Hilfe reichen), was für dieses Leben gilt und in diesem Leben gelöst werden muß. Er könnte jedoch tiefer in das Leben der Ratsuchenden hilfreich eingreifen, wenn er weiter zurückgehen könnte. Dazu gibt es zwei Wege: die Traum-Arbeit und das vorkarmische, astrologische Bild.

Traumdeutung ist hier etwas gefährlich, weil der Psychologe den Traum nie so kennen kann wie die Träumer. Das Horoskop kennt er. Als drittes besteht noch die häufig praktizierte Möglichkeit der Meditation, des Aussichherausgehens; auch hier ist das Erlebte für den Suchenden zu subjektiv, der Helfer steht notgedrungen abseits. Das gilt auch für psychologische Analysen. Ein halbwegs objektiv verfolgbarer Weg ist der über das Horoskop. Warum aber ist dies nie so ernsthaft versucht worden?

Nun, der Osten kannte die astrologische Beziehung zwischen Karma und Astrologie stets, sicher auch noch die Ägypter. Zumindest kannten diese das Totengericht, was ja nichts anderes als ein Karma-Gericht darstellte, da dieses Gericht allein über den weiteren Weg entscheiden sollte. In den Mythen war es Saturn, als Hüter der Schwelle, der die neuen Möglichkeiten wies. Und selbst das Christentum kennt das Bild von Himmel und Hölle als Belohnung und Strafe für das, was jeder in seinem Leben getan hatte.

In der Bibel wären einige Sprüche durchaus auf das Karma zu münzen. So, wenn wir lesen: «An ihren Früchten sollt ihr sie erkennen. Ernten die Menschen etwa Trauben von Dornen oder Feigen von Disteln? Genau wie ein guter

Baum gute Früchte hervorbringt und der schlechte Baum schlechte Früchte erzeugt, so kann auch ein schlechter Baum keine guten Früchte tragen.» Dies ist ein Gleichnis, das auf die Menschen gemünzt war. Hier steckt viel karmische Weisheit, die wir beispielhaft für andere Analogien und Thesen in der Bibel nennen.

Sämtliche Vorgänge auf dieser Erde haben drei Faktoren: erstens der Vorgang, zweitens die Zeit, drittens das Schicksal, das diesen Vorgang bewirkt. Auch der Glaube übrigens, daß *alles* seine Zeit habe und daß es für alle Dinge und Wesen, für alle Ereignisse und Schicksale seine bestimmte Zeit gäbe, ist uralt wie auch das Wissen, daß im Ende der neue Anfang liegt. Diese Verbindung von Anfang und Ende, vom Schicksal zu seiner Zeit, fügt Karma und Astrologie fest zusammen, ja zeigt, daß es sich hier um eine Einheit handelt, die nur im Bewußtsein mancher Menschen geteilt wurde. Denn Karma-Kenner wie Astrologen wissen, daß das Vergangene nicht nur in die Gegenwart, sondern auch in die Zukunft wirkt. Erkennen wir im Karma das Schicksalsgesetz, so gibt uns die Astrologie die Möglichkeit, dieses Gesetz ein wenig aufzuschlüsseln und zu deuten. Daher der Versuch, Karma und Astrologie wieder zusammenzufügen. Und es ist mit Sicherheit kein Zufall, wenn dies im Buddhismus selbstverständlich ist, während sich jetzt Autoren in Amerika wie in Europa um diese Verbindung intensiv und erneut bemühen. Damit haben wir auch zu einem Schlüssel gefunden, der seltsamerweise bisher so oft nicht benutzt oder auch nur gesucht wurde, der aber zu den Wurzeln des Karmas und der Astrologie führt.

Karma und Astrologie

Der Ursprung des Karmas liegt – wie der der Astrologie – im Anblick des Himmels. Hier liegt auch die Wurzel des Glaubens an ein Jenseits, an eine Wiedergeburt. Anlaß dafür war das wechselnde Bild des Mondes, der am Himmel stirbt – aufersteht – wächst – vergeht und wieder stirbt und aufersteht.

Der Himmel ist ferner die Zeit, und die Zeit ist der Himmel. Beides ist unsterblich, und der Mond unterstreicht mit seinen Bildern die Unsterblichkeit. Die unsterbliche Zeit schafft auch alle Dinge, alle Wesen, alle Schicksale, aber sie rafft sie auch wieder hinweg, um sie dann wieder neu zu schaffen. Alles kommt vom Himmel – alles geht zum Himmel. Wir werden Sterne, wenn wir tot sind, und kehren aus den Sternen zum neuen Leben zurück. Daher haben die Ägypter – nach Herodot – als erste behauptet, daß die Seele des Menschen unsterblich sei. Wenn der Leib vergeht, dann tritt die Seele in ein anderes lebendes Wesen, welches gerade zu der Zeit entsteht. Die alten Ägypter kannten sogar einen Zeitraum für den Umgang der Seele. Er betrug 3000 Jahre. Es mag uns nun nicht mehr verwundern, daß hier die Zahl der Gottheit, die Drei, wieder eine wesentliche Rolle spielt, zumal tausend Jahre nur ein Tag sind. Später wurde die Zahl 10.000 genannt, die sich bei den Griechen auf 30.000 Jahre steigerte, womit wohl die Unendlichkeit gemeint war. Auch daran erkennen wir, wie alt das Wissen von der Unsterblichkeit der Seele nicht nur im indischen Kulturgebiet war.

Die Wurzeln des Karmas und die der Astrologie also sind gleich. Daher ist es nicht vermessen, hier einen Zusammenhang herstellen zu wollen, mit dem auch eventuell Arbeit geleistet werden kann. Ja, vielleicht kann uns sogar die Astrologie zum Verstehen des Karmas führen. Astrologen kennen eins ja längst: Sie versuchen ihren Ratsuchenden als erstes klar zu machen, daß sie über ihr Horoskop nicht klagen, sondern es annehmen sollen, was – zugegebenermaßen – den meisten zunächst schwerfällt. Jedoch allein die Erkenntnis, daß ein Leben länger währt als das bewußte Leben, gibt Hoffnung und Ruhe. Auch die Suche nach dem Rätsel des Lebens ist sinnlos, wenn man dies in einem Moment lösen will und nicht bereit ist, den Stufenweg der menschlichen Entwicklung zu gehen – so wie es die Inder meinen und tun.

Hierbei mag uns noch ein Gedanke berühren. Unwissenheit bedingt eine Unfähigkeit zur Karma-Erkenntnis und Schicksalsforschung. Karma und Unwissenheit hängen zusammen, weil sie bis zu einem gewissen Maße auch einander bedingen. Nur der steigt in seinem Karma eine Stufe höher, der weiß.

Wenden wir uns dem Geburtsbild zu, noch ohne die Planeten, Tierkreisabschnitte und Häuser zu kennen. Die Häuser im karmischen Sinn mit ihrer Bedeutung finden wir in der Abbildung.

Dazu prägen wir uns die Bedeutung der Tierkreisabschnitte ein.

Widder:	Aufbruch
Stier:	Sicherung
Zwillinge:	Begegnung
Krebs:	Wachstum
Löwe:	Reife
Jungfrau:	Ernte
Waage:	Ausgleich
Skorpion:	Selbstbehauptung
Schütze:	Erwartung
Steinbock:	Anstrengung
Wassermann:	Beschwingtheit
Fische:	Wandlung

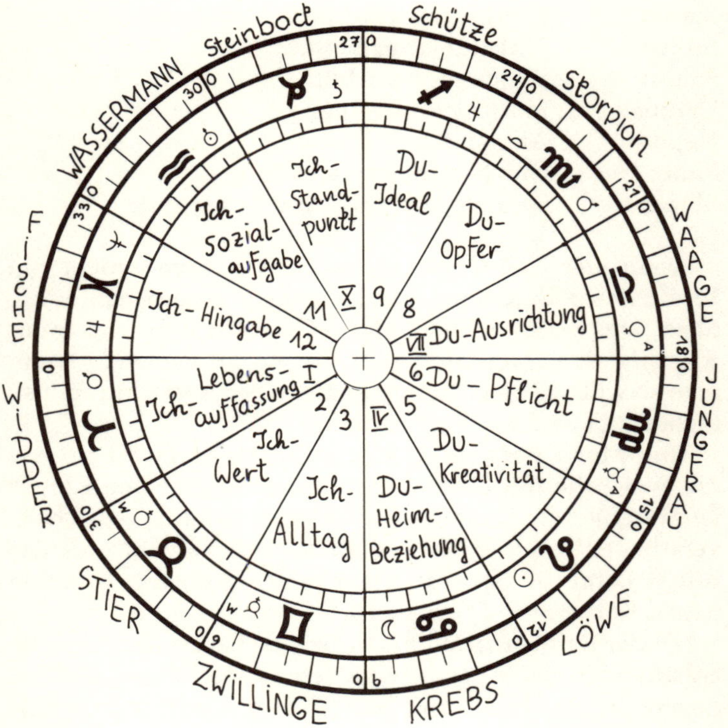

Abb. 2 Häuser im karmischen Sinn

Damit haben wir die Färbung im karmischen Sinn, während uns die Häuser die Grundeinstellung anzeigen. Für das Erkennen des Karmas ist es nun wichtig, daß wir wissen, wo und in welcher Färbung unsere Kräfte ihre Aufgabe zu erfüllen haben. Diese Kräfte im karmischen Sinn lauten:

Sonne:	Bewußtseinsausrichtung
Merkur:	Handlungsausrichtung
Venus:	Gefühlsausrichtung

Mars:	Energieausrichtung
Jupiter:	Entfaltungsausrichtung
Saturn:	Schicksalsausrichtung
Uranus:	Intuitionsausrichtung
Neptun:	Animalitätsausrichtung
Pluto:	Durchsetzungsausrichtung
Mond:	Seelenausrichtung und Seelenstufe

Wenn hier – im Gegensatz zu Lehrbüchern – nicht von Kräften, sondern von Ausrichtungen gesprochen wird, dann, weil es im Karma auf die Grundrichtung ankommt wie auf das, was anvisiert wird. Das Karma verzeiht – wenn man so will – Fehler, aber nicht die in der Ausrichtung, also nicht im bewußten Fehlverhalten.

Zum Mond noch ein Hinweis: Im Mond offenbart sich die Seele, die mit einer Grundausrichtung in den Körper kommt, hier die Kräfteausrichtungen aufnimmt, speichert, verarbeitet, bis der Körper stirbt und vergeht. All das bringt dann die Seele zu einer neuen Aufgabe, in einen neuen Körper.

Mit der Reinkarnation der Seele leben auch alle der Seele anhaftenden Neigungen, Begierden, Wünsche und Ziele im neuen Körper weiter und beeinflussen Geist und Grundhaltung unabhängig vom Familienerbe. Im kosmischen Sinne geschieht die Geburt zu jener Zeit, da der Stand der Gestirne wieder dem der früheren Handlungen entspricht. Der Mond als Symbol des Unsterblichen in unserem Geburtsbild ist damit nicht nur das Sammelnde, das Aufsaugende, auch das Sichentwickelnde. Im bewußten Leben ist er sicher unveränderbar, die Veränderung erfolgt von Karnation zu Karnation. Das bedeutet – wie schon bei anderen Arbeiten ausgeführt –, daß jeder, der liebt, zuallererst den Mond des anderen lieben muß. Damit aber auch das Karma des anderen, also das Grundgesetz, unter dem die geliebte Partnerin, der geliebte Partner steht. Für uns spielt er demnach im karmischen Sinn wie im vorkarmischen Horoskop eine Rolle, die höher als die Bedeutung der Sonne einzustufen ist. Wir müssen also den Mond als wichtigstes Symbol erkennen – siehe die entsprechende Tarotkarte, die uns ja auch die Arbeit versinnbildlicht, durch die Schleier zu schauen.

Die karmische Kraft jedoch wird durch Saturn symbolisiert. Er zeigt uns die Schicksalsausrichtung an. Hier ballen sich – als Gesetz – alle Erfahrungen. Nicht ohne Grund sind in der Astrologie Mond und Saturn die großen Gegenspieler. Hier ist das Gegenspiel der Planeten am deutlichsten ausgearbeitet, kein anderes Gestirn hat diese Polarisierung der oppositionellen Planeten wie der weiche, die Stimmungslage, die Seele symbolisierende Mond und der strenge Prüfer und Gesetzeshüter Saturn. So ist vor allem am *Saturn* im Bezug auf die Häuser abzulesen, wo wohl unsere karmische Entwicklung im bewußten Leben erfolgt. Am *Mond* erschauen wir die Grundentwicklung oder Richtung, die meistens im Gegensatz (nicht immer) zu der bewußten Ausrichtung erfolgt, die wir ja am Stand der Sonne erkennen. Nur bei Neumond ist die Grundrichtung des Unbewußten mit der Richtung des Bewußten gleich. Hier liegt die wahre Bedeutung der Neumondgeburten, die sicher als sehr karmisch zu werten sind. Die Sonne zeigt unsere bewußte Ausrichtung an. Wenn wir also im üblichen astrologischen Anblick davon sprechen: «Ich bin ein Widder – Du ein Krebs», dann ist das Bewußte gemeint, was auf den Sonnenstand bezogen ist. Im karmischen Sinne müssen wir aber mehr den Mond in unseren Vordergrund stellen oder ihn als oberstes Symbol ansehen. Hier heißt es dann eher: «Mein Mond steht in Wassermann – Deiner in Waage.» Und nach dem Mond kommt – karmisch orientiert – der Saturn, wenn auch alle Planeten selbstverständlich ihren karmischen Sinn haben.

Unser Karma ist unser Schicksal, was den Saturn betrifft. Besteht nun in einem Horoskop eine intensive Verbindung von Saturn zu Mond – etwa durch Aspekte oder daß der Mond im Steinbockzeichen steht, der Saturn vielleicht im Krebsabschnitt –, dann wird das Karmische für diesen

Abb. 3 Tarotkarte «Die Hohepriesterin»

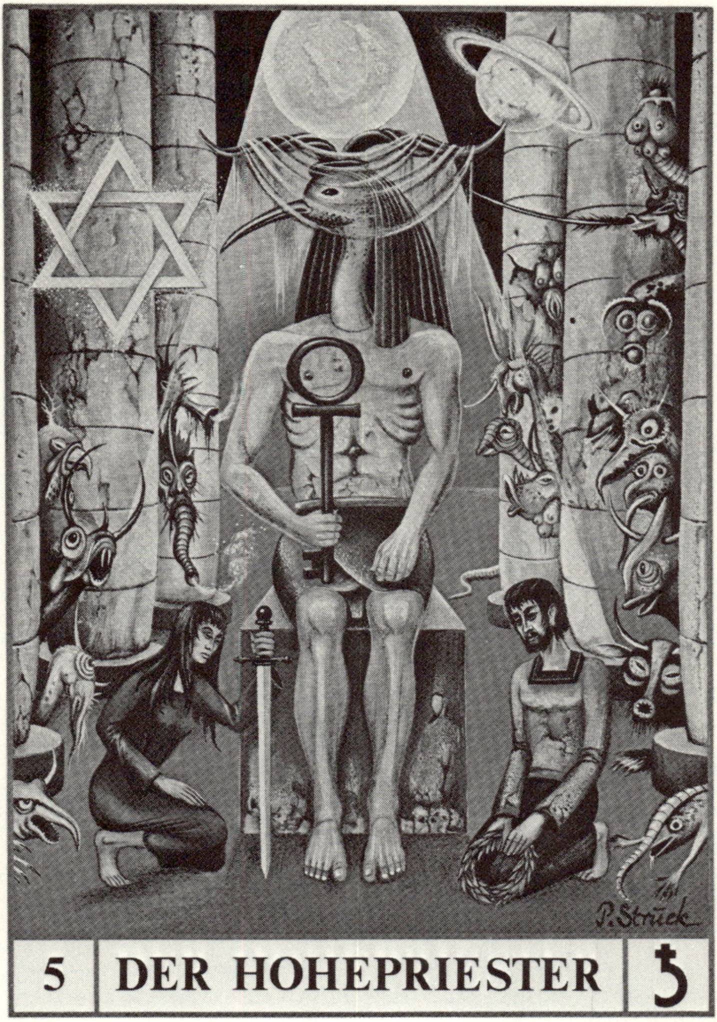

Abb. 4 Tarotkarte «Der Hohepriester»

Menschen von großer Wichtigkeit sein. Je enger die Beziehung, um so wichtiger. Unterwirft sich etwa der Mond dem Saturn in einer zulaufenden Konjunktion, dann wird dieser Horoskopeigner sich kaum – auch nicht im bewußten Leben – von seinem Karma trennen können, wenn er dies einmal erkannt hat.

Die karmischen Erkenntnisse liegen in der Färbung auf den Tierkreisabschnitten Jungfrau, Fische und Skorpion, und genau in dieser Reihenfolge, wie an den Häusern deutlich wird. Hier sind es die Häuser 6, dann 12 und schließlich 8. Hinzu mag im bedingten Rahmen noch die Mondknotenachse kommen, die Suche nach der Mitte, der Balance und des karmischen Ausgleichs. Selbstverständlich ist das ganze Radixbild als karmisch anzusehen, aber wir wiederholen die herausragenden Faktoren, diese sind: Mond – Saturn – Mondknotenachse – Abschnitt Jungfrau – Abschnitt Fische – Abschnitt Skorpion – Haus 6 – Haus 12 – Haus 8.

Zur Verdeutlichung der herausragenden Färbungen der drei Tierkreisabschnitte sei noch einmal auf die entsprechenden astrologischen Tarotkarten hingewiesen.

Die Jungfraukarte (3) symbolisiert die Meisterung des bewußten Lebens, der Arbeit an sich selbst, das Sammeln und Ernten. Die Karte Fische (20) die Hingabe an das Gesetz, das Karma, und die Karte Skorpion (13) die Auseinandersetzung mit dem Tod, dem Jenseits, die Wiedergeburt (Siehe Astrologie und Tarot).

Für die nun folgenden Überlegungen gehen wir vom Individual-Horoskop aus, das ja auch eine stete Entwicklung anzeigt. Der Geburtsmoment unterbricht ja keinen Planetenzyklus oder Gestirnsrhythmus. Schon eine Minute nach der Geburt sähe das Horoskop anders aus. Am Geburtshoroskop sind nun die Grundentwicklungen für das zu erwartende Leben (begrenzt) abzulesen, besonders mit weiteren Berechnungen über das Solar, das Jahreshoroskop, die der Direktionen und Transite (siehe Psychologische Astrologie II). Weiter als ein Leben (rund 84 Jahre)

Abb. 5 Tarotkarte «Die Herrscherin» (Jungfrau)

Abb. 7 Tarotkarte «Der Tod»
(Skorpion)

Abb. 6 Tarotkarte «Die Auferstehung»
(Fische)

vermögen wir zwar theoretisch zu rechnen, aber ohne dies sinnvoll in die Praxis umsetzen zu können. Auch ist oft der Versuch ausgeführt worden, etwas vom Vorleben zu errechnen. So über das Konzeptionshoroskop, oder nach dem Motto: Ein Tag vor der Geburt gleich erstes Lebensjahr usw. Aber dies alles führt auch nicht weiter als zirka 270 Tage zurück, also bis zum Konzeptionsbild.

Die Möglichkeiten, etwas vom Vorleben zu erfahren – außerhalb der Zeit, da wir im Mutterschoß heranwuchsen –, sind gering und bisher auch m. W. nie innerhalb der abendländischen Astrologie versucht worden. Vielleicht liegt dies an der grundsätzlichen Verängstigung, in die die Naturwissenschaftler die Astrologen gebracht haben. Verunsicherte Astrologen sind ja bis heute den Naturwissenschaftlern auf den Leim gegangen, indem sie versuchten, diesen mit naturwissenschaftlichen Argumenten oder beweisbaren Methoden der Astrologie zu imponieren, und sie ernteten nur Spott. Das muß auch so sein, denn die Astrologie ist keine Naturwissenschaft, hat mit dieser auch nicht das geringste zu tun. Man kann auch nicht Birnen mit Äpfeln vergleichen, obwohl beide zur Gruppe Steinobst zählen. Anstatt den Naturwissenschaftlern zu erwidern, daß die Astrologie – wie viele andere Wissenschaften – einfach nur eine Human- und Erfahrungswissenschaft ist, lassen sich immer noch Astrologen mit denen ein, die nur das mathematisch Beweisbare gelten lassen. Bei dieser Denkungsart kann man sich einfach mit dem Karma, der Reinkarnation nicht beschäftigen, weil dies eben im mathematischen oder meßbaren Sinn nicht beweisbar ist. Wir müssen uns also auf einen sehr neuen, dafür noch nicht ausgetretenen Weg begeben, der «wieder einmal» bei der Anschauung beginnt.

Im Geburtsbild sind ziemlich deutlich die Verstrickungen unseres Karmas zu ersehen. Verstrickungen im Karma sind unvermeidbar, «wenn unterlassen wird, was getan werden muß». Dies ist ein Aspekt des karmischen Gesetzes, und «wenn getan wird, was nicht geschehen darf».

Dies besagt schließlich: «Wir müssen tun, was zu geschehen hat, dürfen nichts von dem unterlassen. Aber wir dürfen auch nicht geschehen lassen, was nicht geschehen darf, dürfen also nicht tun, was nicht getan werden darf.» Das mag zunächst etwas kompliziert und doch banal klingen, aber in diesen Sätzen steckt eine tiefe Wahrheit, die wir auch aus unserem Horoskopbild herausanalysieren können. Wir haben ja in unserem astrologischen System Symbole für das, was zu geschehen hat: Sonne –, Mars und Jupiter etwa. Wir haben andere Symbole für das, was nicht geschehen darf: etwa Saturn und Mond. Venus und Merkur von den alten Planeten verhalten sich hier eher neutral, das kommt auf ihre Aspekte an. Bei den äußeren Planeten stehen Uranus und Pluto für das zu Tuende, Neptun für das zu Unterlassende. In der Psychologie haben wir im Grunde dieselben Ausdrucksarten, da nennen wir Sonne und Mars wie Jupiter die Symbole, die unsere Möglichkeiten anzeigen, also vom Bewußtsein, vom Antrieb und der Entfaltung her, während wir Mond und Saturn als Anzeiger für unsere Grenzen sehen. Denn die Seele setzt uns die Grenzen (Mond), wie das Schicksal und das Bewahrende (Saturn). Uranus und Pluto zeigen uns die Intuitions- und Durchsetzungsmöglichkeiten, während uns Neptun, bedingt durch Animalität, Instinkt und Inspiration, die Grenzen lehrt.

Damit zu einem anderen Aussagefaktor im karmischen Sinn, um zu erkennen, wie das Karma im bewußten Leben zu erschauen ist. Greifen wir auf eine Arbeit von Dr. Heinrich Reich zurück, der sich intensiv mit der indischen Astrologie und asiatischen Philosophie wie Religion beschäftigt hat. Er weist da erst einmal auf die Achse der Häuser 6 und 12, die wir ja die Belastungsachse oder auch die Kraftachse in psychologischer Ausdeutung nennen. Es ist in unserem Sinne hier *auch* die karmische Achse. Dabei erkennen wir das Karma des jetzigen bewußten Lebens im Haus 6 (immer in erster Linie an der Spitze), das vergangene Karma aber im Haus 12 (auch hier ist der Anfang des Hauses hauptausschlaggebend). Als Mittler müssen wir dann noch das Haus (Spitze) 8 berücksichtigen, da von hier zum Haus 6 ein Sextil, zum Haus 12 ein Trigon steht, also die Karma-Oppositionsachse entspannt wird, aber das Haus 8 ist ja auch das Haus des Jenseits, der Todesfragen und -angelegenheiten.

Nicht aber die Spitze Haus X, die theoretisch auch in Frage käme – aber Haus X zeigt ja das Streben in diesem bewußten Leben an.

Es erscheint einleuchtend, wenn das jetzige Karma im 6. Haus gesehen wird, denn das Karma wirkt sich häufig stark im gesundheitlichen Sinn aus; aber es wirkt auch auf unsere Pflichtauffassung, hat Einfluß auf die Fähigkeit sich unterzuordnen und ist auch mitentscheidend über die Frage, ob und wie wir dienen können.

Bemerkenswert noch, daß zur Spitze des sechsten Hauses vom Aszendent her ein Quincunxaspekt besteht, dem wir einen neptunischen Charakter geben, was sich ja mitunter täuschend zeigen kann. Auch hat das Karma sicher etwas mit der Animalität zu tun, mit dem Ursprung der Lebensentwicklung überhaupt, deren erste Eigenschaft oder Begabung – egal, wie man es nennen will – der Instinkt war. Instinkt ist ein angeborenes Geschenk der Schöpfung, während alles andere sich ja die Lebewesen erarbeiten müssen. Pflanzen und Lebewesen bestehen überwiegend als Handlungsantrieb aus Instinkt, ob sie sich instinktiv richtig der Sonne zuneigen oder instinktiv wissen, was sie tun müssen oder nicht. Man denke nur einmal an den Instinkt einer Schlange, deren Gehirn nicht nur winzig ist, sondern auch schlecht arbeitet, wie jeder Schlangen-Kenner weiß. Schlangen erkennen nicht einmal ihren Halter, ihren Pfleger.

Das Karma hat auch mit der Gefahr des Rückfalls in die Animalität zu tun, aber gibt uns auch die Chance zur Inspiration, und beides, Animalität und Inspiration, schreiben wir ja neben dem Instinkt dem Neptunischen zu. Hinzu kommt, daß das sechste Haus ein Jungfrau-Haus ist, von dorther also auch eine karmische Beziehung besteht, wo Merkur als Abendstern der Hausherr ist, was uns ja den Ernst und die philosophische Ausrichtung dieses Hauses mit anzeigt.

Das 12. Haus zeigt uns dagegen das Vergangene an, damit das Karma vor unserer Inkarnation zum bewußten Leben. Hier haben wir den uranischen Confinis-Aspekt oder den 30-Grad-Aspekt. Das Uranische ist ja der Wechsel, auch das Plötzliche, das Neue. Damit auch die Voraussetzung für das Eintauchen der Seele in einen neuen Körper und dessen Geist. Das zwölfte Haus ist das neptunische Haus, hier ist Neptun Hausherr, was nun nicht mehr näher erläutert werden muß. Es ist das Haus der Sammlung unserer Erfahrungen und das Haus der Hingabe, da ja das Fische-Haus auch der Raum der Wandlung ist. Hier liegt sicher eine starke Beziehung zum Vor-Karmischen, damit ist hier auch in etwa das bereits erlebte Karma zu erschauen. Die Häuser 6 und 12 stehen sich in der Opposition gegenüber, was ja auch sehr beziehungsreich ist, denn in der Astrologie geht ja alles auf die Opposition hin. Damit besteht auch eine starke, wenn auch ergänzend befruchtende Spannung zwischen dem jetzigen und dem vergangenen Karma. Aber dies gilt auch noch für eine andere Betrachtung.

Wir kennen im Karma ja einmal unsere Grundeinstellung, also die *innere* Belastung (im positiven wie im negativen Sinn) des Karmas, und die Belastung, die uns punkto Karma bedrückt, die von *außen* kommt. Auch dies ist deutlich hier abzusehen. Die innere Belastung oder Einstellung sehen wir im 12. Haus. Was diese innere Einstellung karmisch bewegt, bedrückt, fördert, ist die Schicksalserfahrung, die wir von außen erleiden, erleben. Beispiel: Hat jemand den Anfang des 12. Hauses in Krebs stehen, dann erfolgt die innere Einstellung oder Belastung (je nachdem) im seelischen Bereich, der äußere Widerstand oder Gegenpol liegt jedoch im realen Steinbock-Ehrgeiz, da nach außen etwas geleistet werden soll. Wessen 12. Haus im Abschnitt Fische anfängt, der ist sicher vom Inneren her bereit sich hinzugeben, sich zu wandeln; dem entgegen steht die Neigung, nach draußen und außen als Herrscherin des Schicksals aufzutreten, man betrachte sich nur die Tarotkarte 3 (gleich Jungfrau). Beginnt das 12. Haus im Abschnitt Löwe, dann haben wir es sicher mit einem inneren Stolz zu tun, aber auch mit einem Menschen, der in der inneren Autorität sehr stark ist und einen (sicher berechtigten) Führungsanspruch erhebt. Er erfährt aber in der Außenwelt die Erfahrung, daß gerade er sich wandeln, dem Neuen zuwenden muß und eine innere Beschwingtheit nach außen zeigen soll, auch wenn ihm oft gar nicht danach zumute ist. So können wir gerade in dieser karmischen Opposition schon sehr viel erkennen, was Aufgabe und Entwicklung betrifft. Jeder kann sich dies für die anderen Färbungen durch den Tierkreis selbst erkombinieren.

Nun müssen wir aber den Entspannungspunkt dieser Opposition betrachten. Der liegt an Spitze 8, aber auch an Spitze 2. Dabei können wir die Spitze 2 weglassen, denn das Skorpionhaus 8 ist sehr viel karmischer als das Stierhaus 2. Zudem ist der Selbstwert des 2. Hauses weniger karmisch, während die Hinwendung zum Jenseits, zum Weiterleben der Seele ja voller karmischer Bezüge ist.

Daß dies nur bei der äqualen Häuser-Manier, also den 30-Grad-Häusern einzubeziehen ist, beweist wieder einmal den tiefen Sinn des ältesten astrologischen Häusersystems, nach dem auch in Asien überwiegend gearbeitet wird.

Zu unserem Bild: Anfang 12 liegt in Krebs, damit ist der Mond im Spiel. Anfang 6 liegt in Steinbock, womit Saturn auch auf der karmischen Bühne erscheint, also die karmischen Planeten. Die Entspannung erfolgt über den Abschnitt Fische, womit Neptun mit einbezogen werden muß.

Die Beziehung von Mond und Neptun, also hier vom Haus 12 zum Haus 8 (immer die Spitze nehmen), ist ziemlich eindeutig. Eine Seele, die sicher etwas vom Jenseits weiß und auch von Inkarnationen. Der Saturn als Herr des

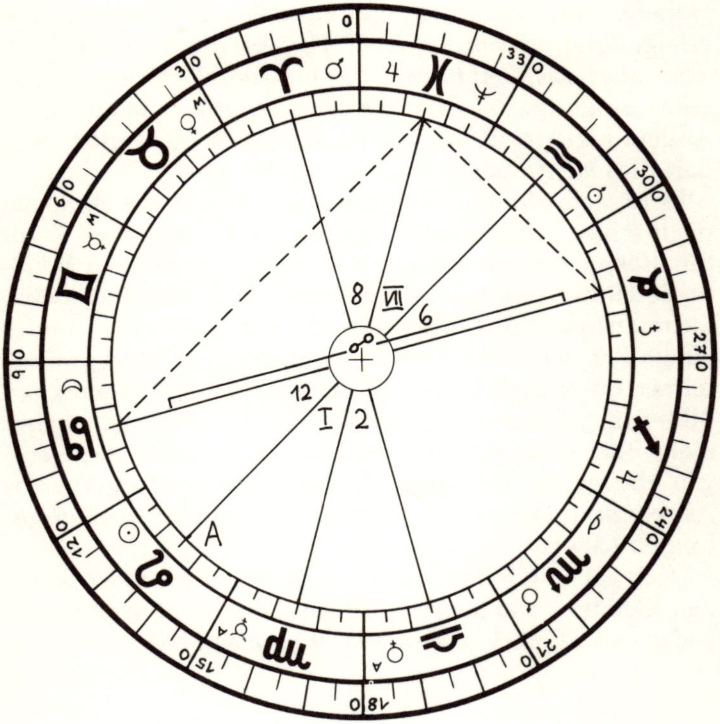

Abb. 8

Steinbocks dazu im Sextil-Aspekt zu Neptun ergänzt das Ganze hier sicher zu einem beständigen, inneren, karmischen Wissen. Dies ist natürlich nicht immer zu finden.

Wenn das zwölfte Haus etwa in Wassermann beginnt, dann heißt dies, daß die innere Belastung/Erfahrung/Hinwendung in der Sehnsucht nach der Weiterentwicklung zum Neuen liegt. Wird aber durch einen Stolz (6. Haus dann in Löwe beginnend) oft belastet, bedrückt. Stolz im jetzigen Leben vermag also die innere Beschwingtheit zum

Höheren durchaus unter Probe zu stellen. Die Entspannung erfolgt dann über Spitze des 8. Hauses, die in Waage läge. Also über das Gefühl und die liebende Hinwendung zu einer Bindung, die den Karmabezug öffnen kann. Diese Andeutungen sind hier eher schematisch zu werten, man darf dies *nie* im Blindhoroskop versuchen.

Es ist sicher für den einigermaßen erfahrenen Astrologen nicht schwer, diese Deutungen auf die 12 möglichen Kombinationen abzustimmen, zumal wir hier ja doch nur anhaltende Hinweise geben könnten, das wird bei den späteren Deutungen klarer werden. Wenn wir soweit mit einer oder einem Ratsuchenden gesprochen haben, taucht so gut wie immer unweigerlich die Frage nach dem vor-karmischen Bild auf, denn nun wollen die meisten Horoskopeigner mehr über sich und ihr Karma wissen, besonders diejenigen, die wegen der eigenen Selbsterkenntnis den Weg zur Astrologie und damit zu ihrem Individual-Horoskop gefunden haben.

Doch geben wir dazu vorweg erst einmal ein Beispiel mit dem Geburts- und dem vor-karmischen Bild, dessen Eigner leider viel Unglück über die Welt gebracht hat.

Das vor-karmische Bild eines Diktators

Das Geburtsbild eines Führers, durch den Unzählige in der Welt mit Sicherheit kein leichtes Karma erfahren haben. Im karmischen Sinn aber war dies auch eine Prüfung, denn es sei gleich festgehalten: Das Karma kennt keine Zuweisung von Schuld punkto eigenem Versagen. Jeder ist für sich verantwortlich, und wenn die Zeiten karmisch schwer sind, um so größer die Last der Eigenverantwortung. Jeder ist also für sich selbst und seine Handlungen verantwortlich, auch die, die dem Führer folgten oder sich durch ihn verführt sahen, was jedoch keiner Entschuldigung für den Diktator gleichkommt. Auf den ersten Blick ist nicht zu erkennen, wieso von diesem Mann eine so starke, ja dämonische Macht ausging. Aber wie Genie und Liebe nicht im Horoskop stehen, so auch nicht das Bös-Egozentrische oder das Bös-Verbrecherische, das Bös-Dämonische.

Immerhin: Der Mond saturnisch gefärbt, also doch vorkarmisch ausgerichtet; und in der Tat, wer seine Bücher kennt, weiß, daß dieser Mann davon besessen war, weit über sein bewußtes Dasein hinauszuwirken, ja, daß er auch von sich und seiner schicksalsprägenden Aufgabe erfüllt war. Dazu Saturn nahe an der Himmelsmitte, was das Gesagte noch unterstreicht. Die Berufungsausrichtung des Saturn in die Außenwelt (weil im X. Haus stehend), doch mit engen Quadraten zu Mars und zu Venus, die sich rückläufig dem Mars unterwirft, weil sie sich ihm in ihrem eigenen Abschnitt unterordnet. Dies ist enorm bedeutungsvoll, zumal ja Venus Herrscherin des Aszendent (dazu hier als Abendstern), also Geburtsherrscher ist. Gefährlicher Stolz und autoritäres Schicksalsgehabe (Saturn in Löwe) hemmten das Gefühl und geben dem Aszendenten-Charme der Waage Schärfe (Mars/Konjunktion/Venus).

Die Sonne steht in Stier, wenn auch im Marssektor Widder, hat einmal dadurch, dann auch durch die Herrschaft des Mars über die sich ihm unterordnende Venus viel Marsisches. Dazu der Widder-Merkur im Wassermannsektor in – wenn auch schwacher – Opposition zu seinem Sektorenherrscher Uranus. Das Denken und Handeln ist wie der bewußte Lebenskern ganz auf das Du ausgerichtet. Die Sonne im verführerischen Trigon zur Mond/Jupiter-Konjunktion, die aber unter der Herrschaft des Saturn steht. Das Trigon weist sicher darauf hin, daß dieser Mann (leider) kein schlechtes Gewissen hatte. Neptun/Pluto in Konjunktion: Durchsetzungs-Instinkt bei Inkaufnahme von Verlusten (8. Haus), aber auch Täuschung in der Durchsetzung anzeigend. Mond/Pluto im neptunischen Quincunx zeigt darüber hinaus die Täuschung der Seele über die Durchsetzungsmöglichkeiten an, was (auch 8. Raum) zu psychosomatischen Belastungen führen kann. Das überlieferte Krankheitsbild vom Teppichbeißer, das Zittern am ganzen Körper, unkontrollierte Ausbrüche, alles dies bestätigt diese Aussage.

Wichtig noch der uranische Confinis-Aspekt Neptun/Sonne, der ja auch eine mögliche Verwirrung anzuzeigen vermag, zumindest eine Intuitionstäuschung des Ego darstellt. Ansonsten ein klares Bild, nicht viele Aspekte, was ja auch so gut wie immer auf viele Alleingänge schließen läßt. Innere Zerrissenheit kommt noch zum Ausdruck durch das Getrenntstehen von Sonne und Merkur in zwei verschiedenen Zeichen. Dies äußert sich immer dann besonders extrem, wenn diese Planeten noch dazu in Konjunktion stehen. Die ungemeine Du-Ausrichtung dieses Mannes, die viele büßen mußten, zeigt fast eine Süchtigkeit zum Du an, verstärkt durch die Mond/Jupiter-Konjunktion, die ja beste rednerische und kommunikative Entfaltung verheißt (3. Haus). Die Suche nach der Mitte – wohl nie bestanden – hieße hier auch, sich zu finden zwischen den Polen Ideal und Alltag (3. zum 9. Haus). Fehlanzeige.

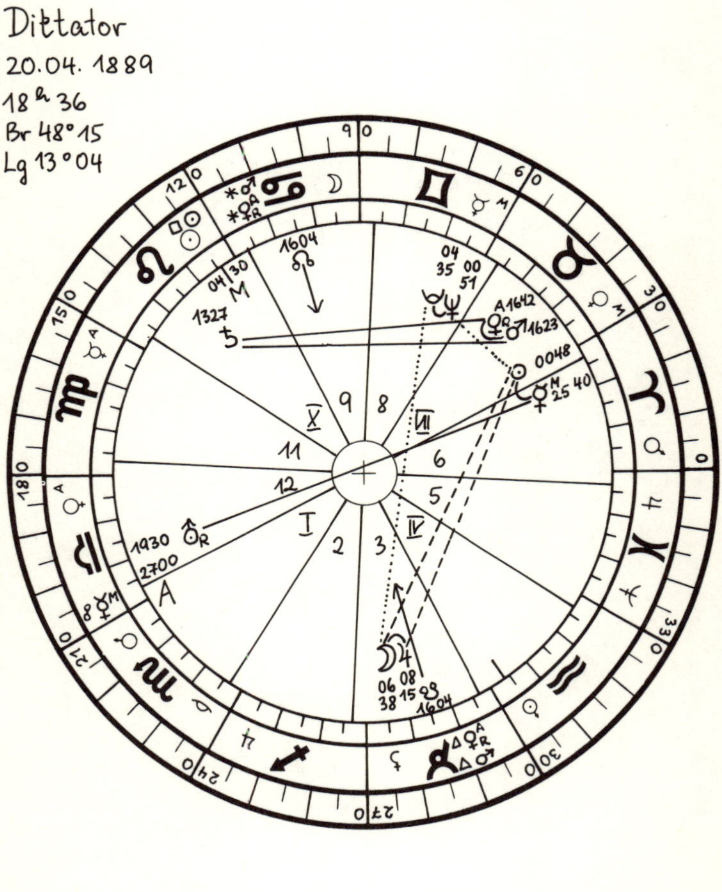

Abb. 9

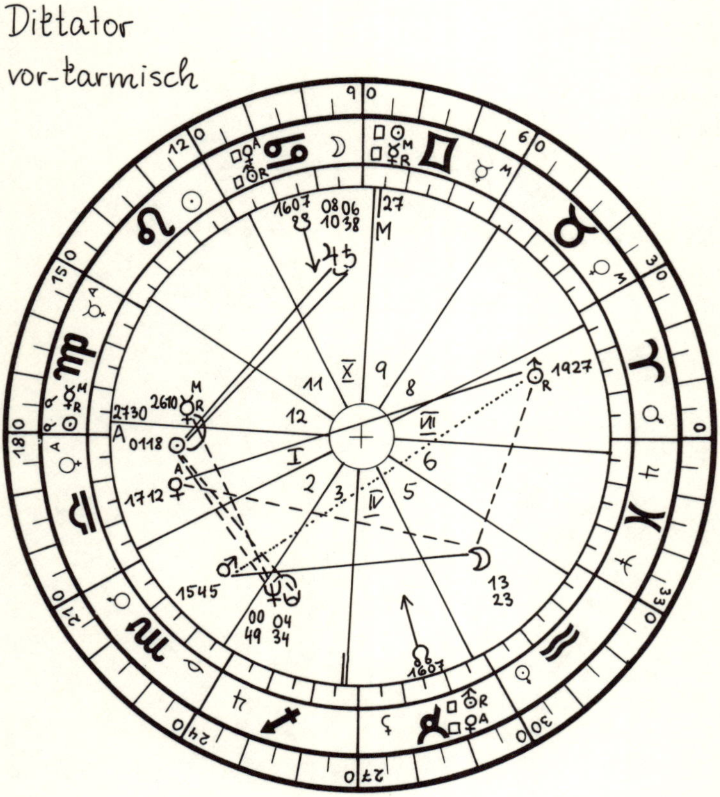

Abb. 10

Damit zum vor-karmischen Geburtsbild, das so aussieht.

Dieses Bild wird beherrscht von der großen, damit sehr bedeutenden Konjunktion von Jupiter und Saturn, wobei Saturn wieder der höchststehende Planet ist. Man erkennt also ein klares seelisches Erbe. Die Schicksalsausrichtung verbunden mit einem Entfaltungswachstum (Jupiter in Krebs) auch wieder in Richtung Außenwelt. Wenn der «Königs»- mit dem «Schicksals»-Planeten an der Spitze des X. Raumes oder nahe (hier noch dazu) an der Himmelsmitte stehen, dann ist dies fast als ein missionarisches Symptom zu bezeichnen. Unter dieser Konstellation (nur im Abschnitt Fische) wurde etwa der Messias erwartet. In unserem vor-karmischen Bild nun belastet diese Konjunktion den Lebenskern, hemmt ihn derart, daß die Gefahr besteht, dies durch einen Stau eruptiv herauszulassen. Hier ist jedoch der Lebenskern ganz auf das egozentrische Ich ausgerichtet. Merkur auch, wenn noch im 12. Feld stehend, aber doch im karmischen Abschnitt Jungfrau.

Uranus rückläufig und marsisch gefärbt. Beide Planeten stehen zudem im Skorpion-Sektor.

Uranus, der Spannungsherrscher, zeigt schon die spätere Hinwendung zum Du an, denn die ganze Intuition dieses Bildes wendet sich kämpferisch (Widder) dem Du zu, dabei rückläufig, also auf den Deszendent, den Du-Punkt zugehend. Neptun und Pluto mit Talent-Aspekten zur Sonne zeigen an, wie stark die Wurzeln zum Machtinstinkt dieses Lebenskerns bereits ausgeprägt sind, zumal das Ich so beherrschend im ersten Haus steht. Merkur als Geburtsherrscher verstärkt die egozentrische Ich-Betonung, die nach dem Gesetz des Karmas bei der Du-Erprobung abgebaut werden sollte.

Sonne dazu noch im Widdersektor des Waage-Abschnitts stehend zeigt an, wie sehr das Harmoniebedürfnis kämpferisch auf die Ich-Durchsetzung ausgerichtet war. Dies wird auch an der Mondstellung deutlich, denn das Karmische wird repräsentiert durch eine reformerische Seele, die Neues sucht und dabei vor plötzlichen Veränderungen nicht zurückschreckt. Dies verbunden mit geschickter Gefühls-Ich-Ausrichtung (Trigon Venus), aber im heftigen Mars-Aspekt (Quadrat) zum Mars selbst. Und dieser empfängt einen neptunischen Quincunx-Aspekt vom Uranus, was zu Täuschungen des intuitiven Antriebs führen kann.

Dies alles einmal als karmisches Erbe angenommen, erklärt viel von seiner grundsätzlichen Lebenseinstellung, wenn wir an die Taten und deren Folgen denken, die dieser Mann auf dem Gewissen hat. Wenn wir uns nun vergegenwärtigen, daß dieser Mann bereits aus dem Vor-Karma einen ungeheuren missionarischen Führungsanspruch mit egozentrischer Betonung mitbrachte, verstehen wir vielleicht erst richtig sein Geburtsbild. Dieses Bild, das so sehr täuschen kann, denn oberflächlich betrachtet hat es so viel Venushaftes mit Aszendent Waage und der Venus in ihrem Zeichen Stier mit Mars und Sonne! Auch die Mondknotenachse als Symbol der Suche nach der Mitte zeigt im vor-karmischen Horoskop die Spannung zwischen der Berufsverwurzelung (absteigender Mondknoten in X) und der Expansion im heimatlichen Bereich (aufsteigender Mondknoten in IV). Wie sehr dies in seinem späteren Leben mitspielte, weiß jeder, der erleben mußte, wie dieser Diktator fanatisch auf die Heimatgefühle der jubelnden Volksmasse setzte.

Das Quadrat der Sonne zum MC ist in beiden Horoskopen zu finden, wobei im vor-karmischen Bild noch das Quadrat vom Merkur dazu kommt. Damit nun zum Karmischen selbst, das wir in jedem Horoskop suchen müssen.

Im Geburtsbild sehen wir die Spitze des 6. Hauses auf 27 Grad Fische, während der Herr der Fische in Konjunktion mit dem Pluto steht. Also der Durchsetzungsinstinkt zeigt sich belastet durch das Karma, kann (Neptun) sich zur Manie steigern. Da das Haus dazu überwiegend vom Zeichen Widder seine Färbung bekommt, wird deutlich, daß dies sich zu wilder, kämpferischer Aufbruchsrichtung orientiert. Die Spitze des 12. Hauses liegt in Jungfrau, deren Herr dazu im kämpferischen Widder steht. Im vor-karmischen Horoskop aber steht der Merkur direkt im Zeichen Jungfrau, was ja eindeutig den Trend von einer Grundentwicklung des einen zum anderen Horoskop bestätigt. Auch die innere Sehnsucht der Vergangenheit nach Ausgleich und Bindung kommt durch die überwiegende Färbung des 12. Hauses mit dem Waage-Zeichen zum Ausdruck, in dem wir die vor-karmische Sonne finden. Venus aber, die Herrin der Waage, ist auch die Herrin für die Spitze des achten Hauses im Geburtsbild, die sich in diesem Bild ganz dem Mars unterordnet.

Im vor-karmischen Horoskop erkennen wir bei der Betrachtung der karmischen Opposition den Belastungspunkt 6. Haus auf 27 Grad 30 Wassermann, also äußere Belastungen durch Reformwille und Umsturz, was zu innerer Belastung der Autorität führt, wenn der Druck nicht bestanden wird. Entspannung über 27 Grad 30 Widder, und Mars als Herrscher Spitze 8 wie Uranus Spitze 6 blicken sich im Täuschungsaspekt des Quincunx an. Wenn wir nun noch die Sonne als Herrscher von Spitze 12 betrachten, mit den Quadraten zur missionarischen Ausrichtung der großen Konjunktion, können wir hier kaum von einer Entspannung der karmischen Opposition sprechen. Innere Belastung also durch Stolz und Autoritätswillen. Hier ist im Grunde das Geburtshoroskop bereits vorausgenommen, wo wir Saturn in Löwe als höchststehenden Planeten nahe am MC und im X. Haus finden.

Und betrachten wir noch, daß der Mars, die Energie also, der Wille, außer im Quincunx zu Uranus im Vor-Karmischen im Selbstbehauptungszeichen Skorpion steht, mag uns die Anerkennungssucht dieses Mannes kaum verwundern, kaum aber auch, daß Astrologen, die das Böse in seinem Grundhoroskop nicht fanden, annahmen, dieser Mensch müsse Aszendent Skorpion gehabt haben. Letzteres stimmt nicht, aber die Vermutung ist so abwegig nicht. Und dieser Mars ist dann auch noch im vor-karmischen Bild der Herrscher des Uranus, der im Geburtsbild die Ich-Ego-Seite repräsentiert.

So wird an diesem Beispiel vielleicht deutlich, daß erst im Zusammenhang mit beiden Horoskopen der tiefe Hintergrund eines Menschen deutlich wird. Dabei müssen wir aber die Einschränkung machen, daß dies bei einem Durchschnittsmenschen oft nicht so ins Gewicht fällt. Hier ist klar zu erkennen, daß die Ich-Ausrichtung des vorkarmischen Bildes in der Reinkarnation auf die Du-Fähigkeit geprüft wird. Danach wird gewogen, ob das Ich gereift ist. Das ist sichtlich nicht geschehen, daher entlädt sich dies, kehrt sich ins Gegenteil um, so daß die Du-Ausrichtung dem persönlichen, vorgeerbten Ich-Potential ausgeliefert wird. Die Überraschung aber ist die beide Male so ungeheure Ausrichtung des Saturn nach außen, das heißt ja nichts anderes, als daß das eigene Schicksal der Außenwelt aufgezwungen werden soll. (Bei Napoleon ist es so ähnlich.) Im Vor-Karmischen war die Saturn-Verbindung mit Jupiter leichter, da sich Entfaltung und Beschränkung zwangen, die Mitte zu finden. Aber dem Schicksalhaften wurde starke Energieentfaltung zugeführt, die eben dann noch im nächsten bewußten Leben besteht.

Nachdenklich muß uns machen (das hätte auch warnen sollen), daß die Konjunktion von Pluto/Neptun im 8. Haus des Geburtsbildes zu finden war. Der Wechsel vom Raum 3 (Kommunikation) zum Raum 8 ist schon vielsagend, wenn, so kann man es vereinfacht sagen, die Kommunikationsgabe des Durchsetzungsinstinktes Berührung mit dem Jenseits hat. Sicher, und dies sei offen zugegeben, ist vieles hinterher verhältnismäßig leicht zu sagen, wenn man die Geschichte kennt. Deswegen hat es auch meist keinen Sinn in Lehrbüchern Goethe anzuführen; aber wenn es um ein klassisches Beispiel für karmische Bezüge geht, sollte man doch einmal den Sprung in die Geschichte wagen. Ob dies alles im voraus zu erkennen gewesen wäre, ist eine andere Frage, da man nie weiß, wie sehr die Intuition und die Inspiration die Zusammenhänge erfassen. Besonders dann, wenn es sich um ein Geburtsbild von jemandem handelt, den man nicht persönlich kennt.

Interessant übrigens, daß Saturn in beiden Horoskopen Quadrate hat, dies ist bestimmt bezeichnend. Auch daß aus dem Sextil der Sonne zum Neptun im vor-karmischen Bild nun ein uranischer Confinis-Aspekt wurde, was den Instinkt zusätzlich sprung- und wechselhaft macht. Wichtig vielleicht noch, daß aus den Quadraten der Mondknotenachse im vor-karmischen Bild im Geburtsbild Trigone beziehungsweise Sextile wurden, so als wäre die Pflicht zur Suche nach der Mitte nicht mehr so gegeben, oder dieser Mann brauchte sie nicht, die Suche der Mitte war für ihn, für seine Person, kein Problem.

Abschließend sei festgehalten: So im Blindversuch sollte nie ein vor-karmisches Horoskop mit dem Geburtsbild verglichen werden, auch wenn wir viel Literatur über diesen Mann kennen und unter seiner «Führung» gelebt haben. Dieses Beispiel wurde gebracht, weil so viele vom Schicksal dieses Mannes beeinflußt wurden und ihn jeder kennt. Dieses Verfahren wende man sonst nur bei Menschen an, die man recht gut beurteilen kann.

Man dränge niemandem das Bild auf. Es ist schon vorgekommen, daß es Menschen schwer belastet hat. Die Folgerung aus den Erfahrungen muß also lauten: mit viel Einfühlung und mit viel Verständnis die Bilder auslegen. Es ist immer gut, wenn die Ratsuchenden, die auf diesen Vergleich förmlich drängen, etwas von Astrologie verstehen, so daß nicht zuviel selbst gesagt werden muß.

Zunächst sieht alles so einfach aus, als fallen einem Schuppen von den Augen, dann werden Zusammenhänge intuitiv erkannt, die noch nicht einmal astrologisch durchgearbeitet sind. Und das ist das Gefährliche. Was im Vergleich beider Bilder gesehen wird, *muß* astrologisch erklärt werden, das hilft nicht nur dem Verständnis, das hilft auch, mit dem vor-karmischen Bild zu leben!

Dann allerdings kann dieses Bild eine wesentliche Erkenntnishilfe darstellen. Außerdem hat es sich als vorteilhaft erwiesen, gerade dieses Horoskop mit den Tarotbildern auszulegen, weil dann kaum noch gesprochen werden muß. Zumindest ist es gut, bei den Deutungen immer die Tarotbilder mit vor Augen zu haben, weil diese Karten ja auch etwas Ewiges widerspiegeln, und dies rührt oft mehr an als Worte, gerade wenn es um das Karma und die Reinkarnation geht.

Die Findung des vor-karmischen Horoskops

Wir sprechen hier bewußt nicht von Rechnung oder Berechnung. Der Schlüssel zu dieser Findung, der zwar auch jeweils individuell errechnet werden muß, ist lange gesucht worden und ergibt sich aus den karmischen Bezügen der Astrologie. Der Anspruch jedoch, dies sei die einzige Möglichkeit, das Horoskop auf das vergangene Leben zurückzustellen, wird nicht erhoben. Doch die hier vorgelegte Findung hat sich in der Praxis und Beratung bisher sehr gut bewährt. Wenn man sich für einen Schlüssel, einen Code entschieden hat, dann sollte man ihn aber beibehalten. Nicht etwa, wie es manchmal geschieht, bei jedem Geburtsbild anders verfahren. – Ausgangspunkt für die Findung waren zunächst die besonders herausragenden karmischen Gestirns- und Planetensymbole. Also: Mond und Saturn! Saturn stets auch das Symbol des Absterbens, damit das Neue geboren werden kann, während der Mond immer als Symbol der Erneuerung, der Wiedergeburt, ja des Geborenwerdens galt. Daß Mond und Saturn miteinander verbunden sind, wie es auch vom Sterben, Vergehn und Wachsen her logisch erscheint, ist allgemein bekannt und hat die Astrologen aller Zeiten stets fasziniert.

Der zweite Blickpunkt für die Findung des Bildes war das 12. Haus, das wir ja immer mit als Regenerationshaus verstanden haben, aber auch als das Haus der Wandlung, der Sichaufgabe, der Hinwendung – wie man einst sagte – zum jüngsten Gericht.

Es ist schon vielfach deutlich gemacht worden, daß jeder – auf sein Horoskop bezogen – sozusagen am Aszendent geboren wird. Dann durchleben wir die 12 Häuser entgegen der Uhrzeigerrichtung im seelischen Bereich, und im realen Bereich durchleben wir diese 12 Häuser umgekehrt in Uhrzeigerrichtung. Die seelische Erfahrung geht also von Haus I bis 12, die reale Erfahrung von Haus 12 bis I (siehe die Entwicklungsphasen im Horoskop, Psychologische Astrologie Band III).

Die seelische Entwicklung ist die wichtigere, weil sie über das bewußte Leben hinaus geht. So macht die Seele, nachdem sie sich am Aszendent in einen neuen Körper und Geist inkarniert hat, die Erfahrungen in Richtung Haus I–12 durch, um sich im 12. Haus dann auf das Verlassen aus diesem Körper und Geist vorzubereiten. An der Mondstellung des Geburtshoroskops ist übrigens recht genau abzusehen, wann in diesem Sinn die starke karmische Berührung gegeben ist. Jedes Haus hat eine Entwicklungsphase von 7 Jahren, so ist dieser Punkt recht genau auszumachen, wie wir bei den Entwicklungsphasen gesehen haben. – Ausgangspunkt unserer vor-karmischen Findung ist zuerst die Frage nach dem Aszendent und dem Sonnenstand, daraus ergibt sich dann alles weitere. Die Frage nach dem Aszendent ist verhältnismäßig leicht zu beantworten, sie muß aus dem 12. Haus des Geburtshoroskops ersehen werden, wenn im Aufbau der Astrologie die große kosmische Logik zu finden ist, auf die wir aufbauen. Wir können sagen, daß der vor-karmische Aszendent wohl in etwa mit dem Anfang des 12. Hauses im Geburtshoroskop identisch sein muß. Aber dieser Aszendent ist nicht mit der Spitze des 12. Hauses minutengenau gleich! Dazu zwei Überlegungen.

Die Spitze des einen Hauses ist identisch mit dem Ende des vorherigen Hauses. 30 Grad Fische sind nun einmal auch 00 Grad Widder. Erst ab 00 Grad 00 Bogenminuten 01 Bogensekunden haben wir eine typische Widderstellung, wenn auch etwas von der Fische-Färbung herüberschwingt. Dies galt auch für die Häuser, also ist es *nicht* möglich, einfach den Aszendent um 30 Grad zurückzuschieben. Es müssen dazu größere Zeitgesetze beachtet werden. Das Zeitmaß der herausragenden karmischen

Planeten und Gestirne ist das von 29 1/2. Soviele Tage braucht der Mond von Wiedergeburt zu Wiedergeburt, und so viele Jahre braucht der Saturn, um wieder zu seiner Radixstellung zu gelangen.

Nun ist nach einem uralten, astrologischen Gesetz ja auch ein Tag ein Jahr oder ein Grad gleich ein Jahr, denken wir nur an die Direktionsberechnungen. So kommen wir zu dem Maß von 29 Grad und 30 Bogenminuten. Um dieses Maß schieben wir also den Aszendent zurück, um vom Geburtsaszendent auf den Aszendent des vor-karmischen Bildes zu kommen. Oder einfacher:

Der vorkarmische Aszendent liegt um 29 Grad 30 Bogenminuten auf den Tierkreis bezogen hinter dem Geburtsaszendent.

Hatten wir beim Diktator einen Aszendent von 27 Grad im Abschnitt Waage, dann liegt der Aszendent des vorkarmischen Bildes auf 27 Grad und 30 Bogenminuten im Abschnitt Jungfrau.

Dies ist leicht nachzuvollziehen. Als zweites brauchen wir das MC, die Himmelsmitte. Nun, die ist vom Aszendent zu bestimmen, wir benötigen dazu nur ein Häuserbuch, egal nach welcher Methode die Häuser berechnet worden sind.

Um die Lage des Aszendenten beziehungsweise der Himmelsmitte auf den Tierkreis gemessen gab es ja unter den Astrologen nie Auseinandersetzungen.

Die Frage ist jedoch, welchen Breitengrad nehmen wir für den neuen Aszendent an? Denn eines ist auch sicher, unsere Vor-Inkarnation muß nicht am gleichen Ort stattgefunden haben, an dem wir im bewußten Leben geboren wurden. Der Ort der Vorlebens-Geburt ist uns nicht bekannt, kann bestenfalls über Bilder oder Meditationen in etwa erahnt werden, wenn wir uns schemenhaft an eine Landschaft erinnern, an eine Gegend, die wir tief zu kennen glauben. Was also tun?

Wir haben nun südlich des Äquators je 90 Breitengrade und nördlich auch. Es ist nach vielerlei Versuchen empfehlenswert, sich am 45. Breitengrad, an der Hälfte der 90 Grad nach Süden oder Norden zu orientieren, also am mittleren Breitengrad einer Hälfte unseres Erdballs.

Sicher ist das MC für mehr mathematisch als esoterisch orientierte Astrologen nicht sehr genau. Es gibt ja Verhältnisse vom Aszendent zum MC, die weniger, andere dagegen, die äußerst gravierend sind. Andererseits müssen wir uns wirklich punkto Seelenwanderung oder Reinkarnation etwas von den örtlich begrenzten Breiten und Längen, also gradmäßig begrenzten Örtlichkeiten lösen, denn vom Kosmos aus gesehen ist jeder dieser heute oft auf die Zehntelsekunde ausgerechnete Wert eine Nichtigkeit. Wir werden ja auch das vor-karmische Horoskop nicht auf den tiefen, realen Aussagewert der Häuser untersuchen, obwohl wir die nicht auslassen können, aber es geht uns ja mehr um das Typisch-Vererbte.

Wir finden nun 27 Grad und 30 Jungfrau im Häuserbuch auf dem 45. Breitengrad in der Spalte der Geburtssternzeit von 05 h 46 m und 55 s. Das MC lautet dazu 27 Grad im Abschnitt Zwillinge. Dies tragen wir nach der äqualen Häuser-Manier (den 30-Grad-Häusern) ein. Also Aszendent gleich Spitze des I. Hauses.

Die Spitze des zweiten Hauses liegt 30 Grad später, das geht so weiter, bis die Spitze des 12. Hauses 30 Grad vor dem Aszendent liegt.

Dann tragen wir die Planeten ein, doch auch dazu bedarf es einiger grundsätzlicher Erwägungen und Überlegungen.

Wir unterscheiden ganz deutlich zwischen den individuellen Planeten, also den inneren Planeten, und den gesellschaftlichen Planeten, also den äußeren, wobei der Mond hier einmal als Symbol der unsterblichen Seele, als Symbol der Inkarnationsmöglichkeit im Moment nicht berücksichtigt wird.

Zunächst die individuellen Planeten: also Sonne, Merkur und Venus. Hierbei müssen wir uns klar sein, daß im Tierkreis eine unendliche, stete Entwicklung liegt, die von 00 Grad Widder bis zu 30 Grad Fische reicht. Wer das Ur-

5ʰ 42ᵐ 34ˢ		85° 38' 28" M 26° ♊				5ʰ 46ᵐ 55ˢ		86° 43' 50" M 27° ♊		
XI	XII	A	II	III	N LAT	XI	XII	A	II	III
♋23 46	♌23 18	♍25°15	♎27 37	♏27 54	0°	♋24 48	♌24 26	♍26°26	♎28 46	♏28 57
24 15	23 48	25 25	27 24	27 34	5°	25 16	24 53	26 34	28 30	28 36
24 43	24 17	25 35	27 11	27 15	10°	25 43	25 20	26 41	28 16	28 16
25 11	24 45	25 45	26 59	26 56	15°	26 10	25 47	26 48	28 02	27 56
25 40	25 13	25 54	26 47	26 37	20°	26 37	26 12	26 55	27 48	27 36
25 46	25 18	25 56	26 45	26 33	21°	26 43	26 17	26 57	27 45	27 31
25 51	25 23	25 57	26 43	26 29	22°	26 48	26 22	26 58	27 43	27 27
25 57	25 29	25 59	26 41	26 26	23°	26 54	26 27	26 59	27 40	27 23
26 03	25 34	26 01	26 38	26 22	24°	27 00	26 32	27 01	27 37	27 19
26 09	25 40	26 03	26 36	26 18	25°	27 05	26 37	27 02	27 35	27 15
26 15	25 46	26 04	26 34	26 14	26°	27 11	26 43	27 03	27 32	27 11
26 21	25 51	26 06	26 32	26 10	27°	27 17	26 48	27 05	27 30	27 07
26 27	25 56	26 08	26 30	26 06	28°	27 23	26 53	27 06	27 27	27 02
26 34	26 02	26 10	26 27	26 02	29°	27 29	26 58	27 07	27 24	26 58
26 40	26 07	26 12	26 24	25 58	30°	27 34	27 03	27 09	27 21	26 54
26 46	26 13	26 14	26 22	25 54	31°	27 40	27 08	27 10	27 18	26 50
26 52	26 18	26 16	26 21	25 50	32°	27 46	27 13	27 12	27 16	26 45
26 59	26 24	26 17	26 19	25 46	33°	27 53	27 18	27 13	27 14	26 41
27 05	26 29	26 19	26 16	25 42	34°	27 59	27 23	27 14	27 11	26 37
27 12	26 35	26 21	26 14	25 38	35°	28 05	27 28	27 16	27 08	26 32
27 19	26 41	26 23	26 12	25 34	36°	28 12	27 34	27 17	27 06	26 28
27 25	26 46	26 25	26 10	25 30	37°	28 18	27 39	27 19	27 03	26 23
27 32	26 52	26 27	26 08	25 26	38°	28 24	27 44	27 20	27 01	26 19
27 39	26 57	26 29	26 06	25 21	39°	28 31	27 49	27 22	26 58	26 14
27 46	27 03	26 31	26 04	25 17	40°	28 38	27 54	27 23	26 56	26 10
27 53	27 09	26 33	26 02	25 13	41°	28 44	28 00	27 25	26 53	26 05
28 01	27 15	26 35	26 00	25 09	42°	28 51	28 05	27 26	26 51	26 01
28 08	27 20	26 37	25 58	25 04	43°	28 58	28 10	27 28	26 49	25 56
28 16	27 26	26 39	25 56	25 00	44°	29 06	28 15	27 29	26 46	25 51
28 23	27 32	26 41	25 54	24 56	45°	29 13	28 21	27 31	26 44	25 47
28 31	27 38	26 43	25 53	24 52	46°	29 20	28 26	27 32	26 42	25 42
28 39	27 43	26 45	25 51	24 47	47°	29 27	28 31	27 34	26 40	25 37
28 47	27 49	26 47	25 49	24 43	48°	29 35	28 36	27 35	26 38	25 33
28 55	27 55	26 50	25 48	24 39	49°	29 42	28 41	27 37	26 36	25 28
29 03	28 01	26 52	25 47	24 35	50°	29 50	28 47	27 39	26 34	25 23
29 11	28 06	26 54	25 46	24 31	51°	♋29 58	28 52	27 40	26 32	25 19
29 19	28 12	26 57	25 45	24 27	52°	♌ 0 05	28 57	27 42	26 31	25 15
29 28	28 18	26 59	25 44	24 23	53°	0 13	29 02	27 44	26 30	25 10
29 37	28 23	27 01	25 44	24 19	54°	0 21	29 06	27 46	26 29	25 06
29 45	28 28	27 04	25 44	24 16	55°	0 29	29 10	27 48	26 28	25 02
♋29 53	28 32	27 06	25 44	24 14	56°	0 36	29 14	27 50	26 28	24 59
♌ 0 02	28 37	27 09	25 45	24 11	57°	0 44	29 18	27 52	26 28	24 56
0 09	28 40	27 12	25 47	24 10	58°	0 50	29 21	27 54	26 30	24 54
0 16	28 43	27 15	25 50	24 09	59°	0 56	29 23	27 56	26 32	24 52
♌ 0 23	♌28 45	♍27 17	♎25 54	♏24 10	60°	♌ 1 02	♌29 24	♍27 58	♎26 35	♏24 53

Abb. 11

Horoskop, das Firmicus Maternus einmal aufgestellt hat, betrachtet, dem wird dies ja klar geworden sein. Die astrologische Entwicklung ist auf eine unendliche, damit ewige Zeit angelegt. Sie ist für die Alten so nachvollziehbar gewesen, indem (beschränken wir uns hier einmal auf Sonne und Aszendent) es damit anfängt, daß die Sonne auf 00 Grad Widder steht, der Aszendent auch. Die nächste Stufe hieße dann Sonne Stier, Aszendent Stier bis hin zu Sonne Fische, Aszendent Fische. Dem folgte dann Sonne Widder/ Aszendent Stier, Sonne Stier/Aszendent Zwillinge, schließlich Sonne Widder/Aszendent Zwillinge, Sonne Stier/ Aszendent Krebs usf.

Dies bedeutet beim Zurückrechnen, was wir ja tun müssen, daß die Sonne *wie* der Aszendent um ein Zeichen, einen Abschnitt zurückliegen müßten. Dieses Zurücknehmen muß aber um das Mond/Saturn-Maß in Grad vorgenommen werden, dadurch wird erst eine Wanderung durch den Tierkreis in allen Variationen möglich, weil sich beispielsweise ein 30-Grad-Maß ja immer nur im Kreise drehen würde. Aber dieses Fortschreiten im kosmischen Sinn ist zwar folgerichtig, geht jedoch von Pol zu Pol, von oben nach unten, was wir noch berücksichtigen werden. Diese Zeitgesetze der Astrologie (Psychologische Astrologie I) sind oft nur scheinbar sprunghaft, zum Beispiel, daß die Sonne erst nach 33 Jahren (zweimal die 3 in dieser Zählung) auf ihre Geburtsausgangsstellung fast minutengenau zurückkommt.

Tragen wir dem Rechnung, bedenken wir ferner noch, daß Aszendent und Sonne mit Merkur und Venus das Individuelle ausmachen, dann schieben wir auch *erstmal* (weil es noch nicht die endgültige Lösung ist) Sonne, Merkur und Venus auch um 29 Grad 30 Bogenminuten zurück.

Wobei wir die Regel beachten, daß Merkur und Venus jeweils ihre Bewegungsrichtung ändern – wenn Merkur zur Sonne nur einen Abstand von 20 Grad und Venus nur einen Abstand von 28 Grad aufweist. Stehen die Planeten weiter von der Sonne entfernt, können sie nicht rückläufig sein oder werden. Im Bild des Diktators war Venus rückläufig, nun ist sie vor-karmisch gradläufig. Merkur ist gradläufig, vor-karmisch rückläufig. Bei den anderen Planeten richtet sich die Bewegungsrichtung nach dem Abstand zur Sonne, denn jeder äußere Planet, der zirka über 120 Grad vom Hauptgestirn entfernt ist, ob nach vorn im Tierkreis oder hintennach, erscheint uns vom Anblick her – mit Ausnahme des Mondes – rückläufig. Rückläufigkeit ist ein Schein, der aber in der Ausdeutung beachtet und bewertet werden sollte.

So kommt die Sonne des Diktators zunächst von

00 Grad 48 Stier	auf 01 Grad 18 Widder
Merkur von	
25 Grad 40 Widder	auf 26 Grad 10 Fische R
Venus R von	
16 Grad 42 Stier	auf 17 Grad 12 Widder

Aber Venus, die im Geburtsbild rückläufig war, wird direktläufig. Merkur, der im Geburtsbild direktläufig war, wird rückläufig. Damit wird auch klar, obwohl diese Planetenstände noch nicht endgültig sind, daß die individuellen Planeten im gleichen Verhältnis zueinander bleiben. Das muß auch sein, denn die Seele sucht sich ja einen in der Entwicklung und Niveauebene etwa gleichen Körper und Geist, wie wir gesehen haben. Das heißt, wenn wir zurückgehen, muß auch das Individuelle rückwärts liegen.

Bei den äußeren Planeten verhält es sich etwas anders, was auch für den Mond gilt, denn er kann ja äußerer wie innerer Planet sein. Er ist im karmischen Horoskop sogar der äußerste, was schon klar geworden sein sollte, betrachten wir ihn als das zu inkarnierende Symbol im karmischen Sinn.

Diese Planeten werden einfach in ihre Oppositionsstellung dirigiert wie die drei individuellen, zurückversetzten Gestirne und Planeten.

In der Astrologie ist alles auf die Opposition ausgerichtet. Von den unbewußten Häusern unter dem Horizont geht die Entwicklung zu den bewußten Häusern über dem Horizont. Vom Ich- zum Du-Punkt, vom Herkunfts-Punkt zum Berufungs-Punkt (also vom IC zum MC). Auch in der Anschauung des Himmelsbildes ist dies so. Der Mond steht dann die ganze Nacht in voller Pracht, wenn er der Sonne genau gegenüber steht. Steht der Mars in Opposition zur Sonne, leuchtet er glühend rot und ist erdnah. Stehen die äußeren Planeten zur Sonne in Opposition, so sind sie die ganze Nacht hindurch zu sehen, und sie erreichen um Mitternacht ihre Kulmination, das heißt ihren Höchststand, auf den Tierkreis gemessen. Dann haben sie ihre größte Kraft und sind zudem noch rückläufig – also langsam und konzentriert, als wollten sie eine notwendige Aufarbeitung ankündigen.

Bevor wir aber die äußeren Planeten in Opposition setzen, müssen wir noch eine kleine Rechnung durchführen. Wir haben gesehen, wie die individuellen Planeten Sonne, Merkur und Venus sich verändert haben, auch wie sich AS und MC neu berechnen. Die äußeren Planeten verändern ihre Stellung – außer daß sie in Opposition gesetzt werden – kaum. Doch getreu der uralten ägyptischen Weisheit, daß ein Tag wie eine Ewigkeit eines Lebens sei, werden alle diese Planeten um ihren Tagesdurchschnittswert ihrer Bewegung *zurückgesetzt.*

Dies nehmen wir nach folgender leicht abgerundeter Tabelle vor.

Mars	=	38 Bogenminuten
Jupiter	=	05 Bogenminuten
Saturn	=	04 Bogenminuten
Uranus	=	03 Bogenminuten
Neptun	=	02 Bogenminuten
Pluto	=	01 Bogenminuten

Die Mondknotenachse nehmen wir um 03 Bogenminuten zurück, also im Tierkreissinn *vor.*

So bekommen wir zunächst folgende Stände:

Mars von 16° 23′ Stier	kommt auf 15° 45′ Stier
Jupiter von 08° 15′ Steinbock	kommt auf 08° 10′ Steinbock
Saturn von 13° 27′ Löwe	kommt auf 13° 23′ Löwe
Uranus von 19° 30′ Waage	kommt auf 19° 27′ Waage
Neptun von 00° 51′ Zwillinge	kommt auf 00° 49′ Zwillinge
Pluto von 04° 35′ Zwillinge	kommt auf 04° 34′ Zwillinge
und der Mondknoten von 16° 04′ Steinbock	kommt auf 16° 07′ Steinbock.

Somit verändern sich im Laufe der Zeit auch Aspekte, an denen wir in der Regel mehr als ein Leben tragen, oder die Aspekte werden enger, lösen sich vielleicht einmal gar auf.

Und aus dieser Stellung nun transportieren wir alle Planeten in die Opposition von der Sonne angefangen, wobei wir den Mond noch einmal bewußt auslassen.

So bekommen wir folgende Planetenstände:

Sonne von 01° 18′ Widder	auf 01° 18′ Waage
Merkur von 26° 10′ Fische	auf 26° 10′ Jungfrau R
Venus von 17° 12′ Widder	auf 17° 12′ Waage
Mars von 15° 45′ Stier	auf 15° 45′ Skorpion
Jupiter von 08° 10′ Steinbock	auf 08° 10′ Krebs
Saturn von 13° 23′ Löwe	auf 13° 23′ Wassermann
Uranus von 19° 27′ Waage	auf 19° 27′ Widder
Neptun von 00° 49′ Zwillinge	auf 00° 49′ Schütze
Pluto von 04° 34′ Zwillinge	auf 04° 34′ Schütze
Mondknotenachse von 16° 07′ Krebs/Steinbock	auf 16° 07′Steinbock/Krebs

Nur der Mond wird als «Karmisches Gestirn» nicht zurückversetzt. Er verändert sich durch Saturn, nachdem er seine Oppositionsstellung eingenommen hat.

Mond von 06° 38′ Steinbock	auf 06° 38′ Krebs

Und nun tauschen Mond und Saturn die Plätze.

Damit steht im vor-karmischen Bild nun
Saturn auf 06° 38′ Krebs
Mond auf 13° 23′ Wassermann

Warum der Tausch von Saturn und Mond?

Nun, beide sind nicht nur Gegenspieler – besonders im

seelischen Bereich –, weil ja auch der Saturn-Bereich des Steinbocks dem Mond-Bereich des Krebs genau gegenüber steht. Eine Oppositionsspannung also, wenn auch ergänzend, so doch prüfend. Saturn gilt ferner als der Hüter der Schwelle, das bedeutet, der Mond, die Seele muß am Saturn-Platz vorbei, da ist dann die neue Schwelle, der neue Startpunkt der Seele, und muß nun wieder auf die Oppositionsstelle, die der Gegenspieler Saturn besetzt hält, zustreben. Mond und Saturn wechseln also, während alle anderen äußeren Planeten nur ihre Oppositionsstelle einnehmen. Das ist die bekannte Haut, in die die Seele schlüpft, denn völlig unbekannt ist die neue (wie rückwärts gesehen die alte) Haut ja der Seele keinesfalls.

Wir zeichnen die Planeten ein und sehen sofort, daß wieder Saturn höchststehender Planet geworden ist (oder es schon war, denn das vor-karmische Bild liegt ja vor dem Geburtsbild, von der Zeit und der Inkarnation her gesehen).

Diese Findung beruht auf den ältesten Grundgesetzen der Astrologie, wenn sie auch erst wieder unter Mühen neu zu entdecken war. Doch in Beratungen erwies sich dieser Schlüssel immer als sehr hilfreich, wobei noch eine Bemerkung zur Mondknotenachse zu sagen wäre. Die bleibt – um einen Tag = 00° 03′ vorgerückt – wo sie ist, nur kehrt sie sich um. Der aufsteigende wird der absteigende, der absteigende der aufsteigende Mondknoten, denn die Suche nach der Mitte ist ja der Ausgleich, den wir im Karma finden müssen, der bleibt beständig, wird nur jeweils von mehreren Seiten beleuchtet und interpretiert. Hier ist der längste Lernprozeß zu absolvieren, wenn man will, ist dies *die* Nuß, die wir zu knacken haben, die uns also immer wieder vorgelegt wird.

Bei etwas Übung ist dieses Bild in 15 Minuten ausgerechnet, was für diese Findung spricht, denn das Logische ist ja in sich immer einfach, wie auch das Karma einfach ist. So findet man die beste karmische Literatur in kleinen Schriften, nicht in dicken Wälzern.

Der erste Lehrspruch des Karma, der dem Autor auf das Horoskop bezogen begegnete, lautete: «Wer aus den Sextilen und Trigonen seines Geburtsbildes nichts macht, der bekommt diese Chancen im nächsten Leben als Pflichten durch Quadrate und Oppositionen aufgelegt. Wer aber seine Quadrate und Oppositionen meistert, der wird im nächsten Leben durch Chancen belohnt, die durch Sextile und Trigone in seinem kommenden Geburtsbild stehen.»

So ist es sicher nicht ganz richtig, aber auch nicht völlig unrichtig. In diesem Lehrsatz steckt doch ein guter Hinweis, der uns näher an das Grundsätzliche des Karma heranführt. Dieses wandelt sich ja sehr langsam, schnell kommt niemand von seinem Karma, von seinem Gesetz los. Aber wer dieses Gesetz erst einmal annimmt, der hat für sich mehr als eine Stütze gefunden. Er bekommt innerliche Kraft und Stärke, er findet seine ruhende Mitte, mit der alle Konstellationen verstanden und bewältigt werden.

Wenden wir uns nun noch einigen Beispielen zu, um zu erkennen, wie bestechend sich das Zusammenspiel beider Bilder oft zeigt. Auch gerade dann, wenn sich in einem Individualleben nicht so große Tragödien abzeichnen, weil das Leben an sich «kleiner» angelegt ist, was nicht heißt, für den einzelnen bedeutungsloser. Aber es ist doch so, als lüfteten wir den Zipfel eines Schleiers, und wir bekommen damit eine weitere Sicht unserer Einblicke in und um uns herum. Und wenn aus Einblicken Einsichten werden, dann kommen wir dem Sinn des Lebens doch ein gewaltiges Stück näher.

Die Mondknotenachse im karmischen Sinn

Immer wieder hört man, daß die Mondknotenachse im Radix-Horoskop «das Karmische» an sich darstellt. Es gibt Überlegungen, die Mondknotenachse im vor-karmischen Sinn um dreißig Grad zurückzuschieben und dreißig Grad davor den Aszendent anzunehmen. Nun müssen wir bedenken, daß die Mondknotenachse an sich ja keine starken individuellen Aussagen machen kann, wenn wir sie auf die Tierkreiszeichen beziehen. Der langsame Rückwärtslauf dieser Achse bringt es mit sich, daß die Aspekte alle (bis auf die zum Mond) Tage hindurch für den ganzen Erdball die gleichen sind. Etwas individueller werden die Aussagen der Mondknotenachse, wenn wir sie auf die Häuser beziehen. Hier geht es nun um die Erkenntnis, wo wir im realen Sinn in unserem Leben unsere Mitte zu suchen haben. Also welche Lebensaufgaben uns auf den Weg zur inneren Mitte führen. (siehe «Astrologie als Wegweiser»)

Bei der Berechnung des vor-karmischen Bildes haben wir gesehen, daß sich die Knoten umdrehen, der aufsteigende zum absteigenden Mondknoten wird und umgekehrt, daß aber die Färbung durch die Tierkreiszeichen meistens gleich bleibt.

Und dies sogar im sektorischen Sinn, während ja durchaus die Gestirne und Planeten den Sektor innerhalb eines Tierkreisabschnittes, ja das Tierkreiszeichen selbst wechseln können. Erinnern wir uns: Jedes Tierkreiszeichen wird in 12 Sektoren von je 02 Grad 30 Bogenminuten geteilt. Anfangend mit dem Sektor Widder von 00 Grad bis 02 Grad 30 Bogenminuten. Dem folgt der Stiersektor von 02 Grad 30 Bogenminuten bis 05 Grad des jeweiligen Zeichens usw.

Die Mondknotenachse bleibt nun fast immer genau in

der Tierkreis- und Sektorfärbung, wenn auch das Expansive dieser Achse zum Verwurzelten wird, das Verwurzelte sich zum Expansiven wandelt.

Trotzdem verändert sich die Achse in bezug auf die Häuser.

Wir haben beim vor-karmischen Bild des Diktators jedoch gesehen, daß sich diese Achse, die im Radix vom Haus drei nach Haus neun verläuft, im vor-karmischen Horoskop von Haus vier zum Haus zehn erstreckt, also scheinbar weiter- oder vorwärtsgewandert ist. Dies mag zuerst widersprüchlich erscheinen, da uns ja das vor-karmische Horoskop zurückführen soll.

Dieser Widerspruch ist wirklich nur scheinbar. Es sei auf die Entwicklungsphasen im Horoskop hingewiesen (Psychologische Astrologie, Band III).

Im *realen* Sinn der Erlebnisse zeigen sich die Entwicklungen vom Aszendent als Ausgangspunkt über das Haus 12, dem folgt das Haus 11, das Haus X usw.

Die *seelische* Prägung auf Grund dieser Entwicklungen zeigt sich entgegen dem Uhrzeigersinn im Weg über die Häuser I–2–3 usw.

Die realen Erlebnisse erfahren wir also im Uhrzeigersinn und zwar über die Abhängigkeitsphase (Haus 12), die Sozialphase (Haus 11), die Lernphase (Haus X) etc.

Daher ist es auch folgerichtig, daß sich die Horoskopachse des Diktators (und die aller Horoskope) aus der Achse Haus 9 zu Haus 3 zur Achse Haus X zu Haus IV verschiebt.

Die seelischen Prägungen folgen in der Auswirkung erst später, so daß sie dann im Radix-Bild Bedeutung erlangen.

Unser aller innerste Aufgabe muß es sein, die Mitte zu finden. Das zeigt die Mondknotenachse an. Insofern ist sie auch als karmisch zu bezeichnen, aber nicht karmischer als andere Aussagen im Horoskop. Das wirklich «Karmische» ist die Zurückentwicklung in den Häuserachsen.

Jeder von uns muß ja punkto Entwicklungsphasen im gegenwärtigen Leben beide Richtungen beachten, denn nur so kommt er zu einer Erkenntnis seiner Entwicklung. Im karmischen Sinn gelten diese Entwicklungen jeweils für ein Haus in einem Leben, was eben durch die Mondknotenachse dann angezeigt wird.

Es geht also darum, die Mitte nicht nur im geistigen Sinn oder im Sinn einer Selbstverwirklichung zu suchen, sondern auch in der realen Auswirkung durch unser praktisches Handeln.

Im Uhrzeigersinn haben wir also klare Entwicklungsphasen, die aufeinander aufbauen und die wir im Siebener- (manche nehmen den Sechser-) Rhythmus absolvieren müssen.

Diese Phasen führen uns über die Abhängigkeitsphase zur Sozialphase, der Weg geht weiter zur Lernphase, der die Realitätsphase folgt. Die Erfahrungsphase und die Echophase sind die weiteren Stationen. Pflicht- und Kreativphase setzen den Entwicklungsweg fort, was uns zur Standpunkts- und anschließend zur Ausstrahlungsphase führt. Das Ende bilden dann die Einschränkungs- und die Abschieds- beziehungsweise die Neugeburtsphase, womit wir beim «Karmischen» angekommen wären. Wie die Namen dieser Phasen schon besagen, geht die symbolische Namensnennung dieser Phasen von den Realitätseindrükken aus, also im Uhrzeigersinn über Haus 12 zu Haus 11 etc. In diesem Sinn ist dann auch die Mondknotenachse als «karmisch» anzusehen, nicht aber so betont wie Haus 12 und Haus 6 oder Saturn und Mond.

Aus der praktischen Arbeit mit dem vor-karmischen Horoskop

Es ist schon gesagt worden, daß die Aussage zum vor-karmischen Bild mit großer Behutsamkeit vorgenommen werden muß. Hier sollten sich Ratsuchende und Astrologen wirklich gut verstehen.

Die Erfahrung zeigt, daß man möglichst nicht in akuten Krisensituationen, oder wenn man selbst im Moment in der Beratung nicht weiter weiß, zum Hilfsmittel des vor-karmischen Bildes greifen sollte, um jemandem klarzumachen, was er mit sich herumträgt. Sicher ist es gut, zunächst sein eigenes vor-karmisches Bild aufzustellen und darüber zu meditieren, ehe man die ersten Deutungen für sich findet. Diese halte man möglichst – zumindest in Stichworten – schriftlich fest. Es braucht seine Zeit, ehe man beide vorliegenden Bilder wirklich in ihrem Zusammenspiel erfaßt. Sogenannte plötzliche Aha-Erlebnisse gibt es, aber die Intuition kommt erst nach längerem Kopfzerbrechen, wobei auch darauf hingewiesen werden muß, daß das Entscheidendste nicht einmal vom Verstand her klärend aufgenommen werden kann. Wenn wir die folgenden Horoskope (und das des Diktators) hier verhältnismäßig nüchtern beschreiben, dann ist dies eine Quintessenz von längeren Betrachtungen und manchen Versuchen, sich in die Bilder einzuleben.

Natürlich ist jeder Astrologe ein Individualist und wird seinen eigenen Weg finden. Auch der Autor hat seine persönliche Art suchen müssen, wobei es sich als vorteilhaft herausgestellt hat, über solche Bilder zu schlafen, um das Unterbewußtsein mit an der Ausdeutung zu beteiligen.

Persönliche Erfahrungen mit dem Mond

Jahrzehnte hindurch wurde der Lebensweg einer Schauspielerin verfolgt, die voller Ehrgeiz war, dabei aber durch die innere Harmonie auffiel, mit der sie sich in der Umwelt und im persönlichen Bereich zeigte. Am Anfang ihrer Karriere machte sie die Bekanntschaft einer älteren Kollegin, die von der Astrologie besessen war und fast jeder Kollegin und jedem Kollegen, der wollte, ein Horoskop stellte. Diese Astrologin warf nur einen Blick auf das Geburtsbild und schrie: «Was für ein Horoskop – was für eine Karriere!»

Betrachten wir uns das Bild, dann fällt tatsächlich das fast mehrfach gebildete geschlossene Trigon in den Feuerabschnitten auf, sicher ein Hinweis auf Harmonie und auch Selbstsicherheit. Außerdem die Sonne nahe am MC, was Karriere – zumindest starke Berufsorientierung – anzeigt, das zehnte Haus gut besetzt, dazu die Sonne im Venusaspekt des Sextils zu Neptun. Die Sonne hat zwar ein schwaches Quadrat zu Jupiter, was jedoch kaum stört, wenn es auch zulaufend und wachsend ist. Aber von den Elementen her ist es ja mit Sextil-Charakter ausgestattet. Dafür Entfaltungs- und Intuitionsausrichtung zum Du, zum Echo hin, beflügelt von Saturn im sehr nahen Trigon und von Mars/Venus im etwas weiteren 120-Grad-Aspekt. Das alles verspricht viel Erfolg, der sich auch einstellte, aber die Problematik ballt sich in einem einzigen Gestirn zusammen: im Mond! Und dies spielt im karmischen Sinn sicher eine nicht unwesentliche Rolle, da hier ein Inkarnations-Erbe mit angezeigt ist, zumal der Mond noch dazu im vierten Haus steht und neben Saturn am tiefsten in diesem Geburtsbild zu finden ist.

Der Mond hat eine schwache Opposition zu Pluto, die nur gilt, weil der Mond auf den Oppositionspunkt des

Pluto zugeht, das zeigt ein Spannungsverhältnis der Seele zur Durchsetzungskraft an. Bedeutungsvoller sind die zwei Quadrate des Mondes (eng, wenn auch ablösend und aufgebend) zu Jupiter und Uranus! Die Astrologin nun störten diese Quadrate nicht so, aber sie hatte auch die beiden neptunischen Quincunx-Aspekte des Mondes zur Konjunktion Mars/Venus übersehen, die noch dazu haargenau sind, zumal der Mond auf den Quincunx-Punkt der Venus zuläuft. Venus und Mars in Konjunktion mit der Löwefärbung ist ja als gefühlvolle Energieausrichtung zu deuten, die mit Stolz und Kraft gefärbt ist, also Autorität ausstrahlt. Aber die 150-Grad-Aspekte des Mondes zeigen dazu dann doch an, daß der Mond, also die Seele, sich über die musische Energie (Venus symbolisiert nun einmal auch das Musische) täuschen kann, sich zumindest vielleicht über die Ausstrahlung Illusionen macht.

Denn alle neptunischen Aspekte zeigen auch etwas von einer Sucht an, die in einem Menschen lebt. Das wäre eben hier die musisch-energische Ausstrahlung, die glänzen möchte (Konjunktion Mars/Venus in Löwe). Man tut dann oft etwas mit Süchtigkeit. Mars/Venus stehen nun noch im elften Haus, was auf eine soziale Gemeinschaft hinweist, als Schauspielerin gilt dies für ein Ensemble oder auch für ein Publikum im kleineren Rahmen. Das Trigon dieser Konjunktion zu Jupiter/Uranus weist dagegen auf Entfaltungsehrgeiz im größeren Rahmen hin – etwa Fernsehen.

Doch der Mond ist da nicht so talentmäßig eingeordnet, was – da es sich um den Mond handelt – auch karmisch bedingt sein könnte. Saturn als anderes karmisches Grundsymbol ist dagegen bestens in das Trigon eingebunden und mit starker Entfaltungskraft ausgestattet (Schütze).

Betrachten wir nun die karmischen Häuser in ihrer Opposition und Entspannung. Das Haus 6 zeigt uns ja das jetzige Karma sowie Druck und Widerstand, der von außen kommt. Hier beginnt das 6. Haus in Wassermann, dessen Herrscher Uranus ist, der mit Jupiter das siebte Haus beherrscht. Also Druck durch die Intuitionsrichtung in die

Echowelt, was besagen kann, daß zuviel Intuition in die Echorichtung ausgesandt Druck von außen auslöst, was durch das Quadrat des Mondes zu Uranus unterstrichen wird. Damit zum vergangenen Karma (12. Haus), der Belastung des Ich.

Hier finden wir Löwe und Jungfrau als Färbung, damit Sonne/Neptun-Einfluß, weil Neptun an der Spitze des 12. Hauses steht. Neptun als Herrscher der Fische auch mit dem Druck von außen des sechsten Hauses verbunden, bringt diesen Druck also in die innere Anspannung, da die Sonne, als höchststehendes Gestirn, die Anerkennungssehnsucht in der Außenwelt repräsentiert (dies ist als Ernte-Jungfrau aus der vorherigen Inkarnation zu verstehen, die ja hier im karmischen Sinn zu ersehen ist).

Dies alles ist nun für den Beruf einer Schauspielerin, die so von Natur aus und dem inneren Bedürfnis in die Echo-Welt drängt (wie zu ersehen), nicht so leicht zu verkraften. Hinzu kommt die Mondknotenachse – als Karma der Mittsuche –, die die Expansion in die Außenwelt unterstreicht, aber andererseits doch die Verwurzelung im Heim und der Familie anzeigt. (Aufsteigender Mondknoten X. Haus – absteigender IV. Haus.) Die Entspannung der karmischen Opposition von 6 nach 12 erfolgt ja über die Spitze des 8. Raumes. Die liegt in Widder, und das Haus wird vom Abschnitt Stier mitgefärbt. Da hier kein Planet steht, wird dieses Haus, das sich mit Jenseitsfragen, mit Karma, Tod und Wiedergeburt befaßt, von der Konjunktion Venus/Mars regiert, die in die soziale Gemeinschaft (Haus 11) gerichtet ist. Sicher gibt dies eine starke Entspannung, so daß das Karmische im Leben dieser Horoskopeignerin nicht so schwer empfunden werden dürfte.

Das Gegenteil ist allein beim Mond zu suchen. Nun stellt der Mond ja auch das Volk, für einen Künstler das Publikum dar. Dieser Mond hier ist saturnisch, zeigt also einen Ehrgeiz, aber auch eine Belastung der Prüfung an. Daß der Mond das Volk repräsentiert, ist insofern wichtig, weil das Volk, das Publikum ja seine «Stars», seine «Lieblinge» mit

Haut und Haaren fressen will. Das Publikum fühlt aber auch sehr genau, wie weit die Seele des Künstlers sich ihm gegenüber öffnet, ja ausliefert. Im Steinbock fällt dies schwer, da springt der Funke nicht so leicht über, was unzählige Künstler mit Steinbock-Mond erfahren haben.

Und nun war etwas sehr Seltsames Jahrzehnte hindurch zu verfolgen. Bei jeder Premiere, bei jeder Fernsehausstrahlung wurde die Stellung des Mondes mit Akribie verfolgt. Und immer stand der Radix-Mond dann in sogenannten hemmenden oder stauenden Transitaspekten, hinzu kamen kaum bessere Direktionen. Manchmal – was oft als Schlimmstes empfunden wurde – hatten sowohl der Radix- wie der Direktions- oder der Transitmond überhaupt keine Aspekte, was ja bedeutet, daß der Mond sozusagen auf sich selbst gestellt ist, Hilfe, Beistand ist kaum zu erwarten. Um das Publikum mußte immer wieder neu gerungen werden, es war eine ständige, anstrengende Tortur. Das hat nichts damit zu tun, daß diese Schauspielerin nicht auch große Erfolge hatte, aber von der Popularität her blieben diese Erfolge im Grunde unterbelohnt. Daher gelang trotz einer allseitig bescheinigten starken Begabung «das große Ankommen» nicht. Die Sehnsucht nach Berühmtheit wurde nicht im erwarteten Maß erfüllt, was nach Lage der Dinge nur als schicksalhafte Ungerechtigkeit empfunden werden mußte.

Sicher haben sich mehrere Astrologen dieses Bild angesehen. Die Quadrate des Mondes und auch die Quincunxe wurden immer wieder als Erklärung herangezogen, aber das konnte die Horoskopeignerin für sich nicht so akzeptieren, zumal sie ja auch schon etwas astrologisch geschult war und viele Bilder von Kollegen und Kolleginnen kannte. So zerbrach man sich den Kopf, was für dies alles der tiefe Hintergrund sein könnte.

Da erzählte dann die Mutter dieser Schauspielerin, daß sie schon während des Tragens dieses Kind so unsagbar geliebt hatte, daß sie es einfach nicht hergeben wollte und es Tage über die Zeit bei sich behielt. Als dann der Arzt ein

Machtwort sprach, gab die Mutter die Tochter her. Die Mondstellung in diesem Horoskop hätte sich also entschieden verändert, ja schon nur bei einer Geburt von einem 3/4 Tag früher sähe vom Mond her das Horoskop ganz anders aus. Diese Verwurzelung kommt übrigens auch im absteigenden Mondknoten im IV. Haus etwas zum Ausdruck. Aber andererseits heißt dies doch, daß die Geburtsminute schicksalsbedingt ist, also auch karmisch, wenn man so will. Immerhin, so stand man Jahre hindurch punkto Ausdeutung vor einem nicht gelösten Rätsel. Als dann die Arbeit mit dem vor-karmischen Bild begann und der Autor davon berichtete, wurde dieses Bild errechnet und gezeichnet und der Schauspielerin vorgelegt.

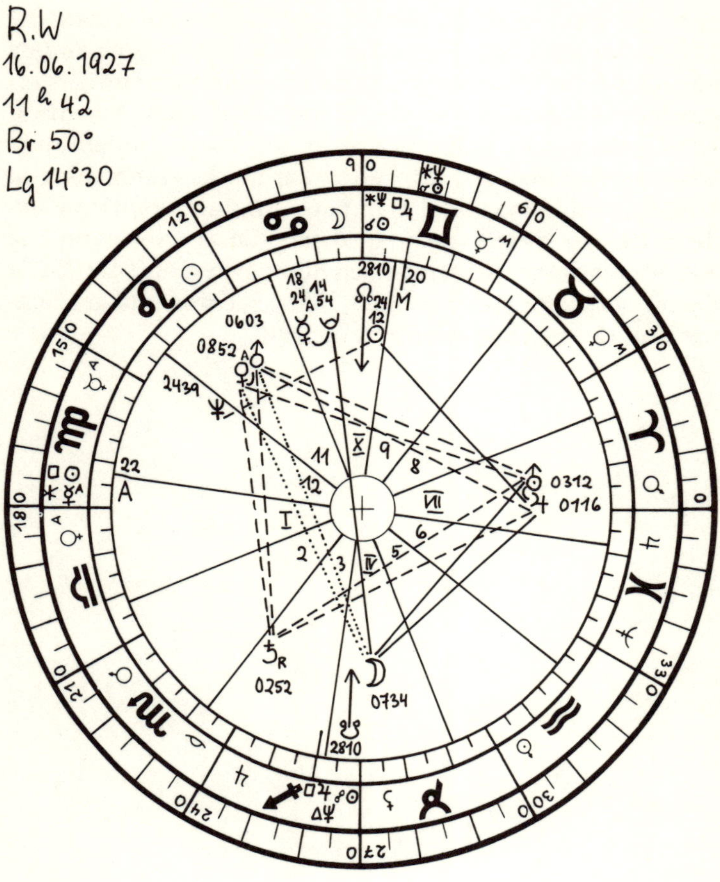

Abb. 12

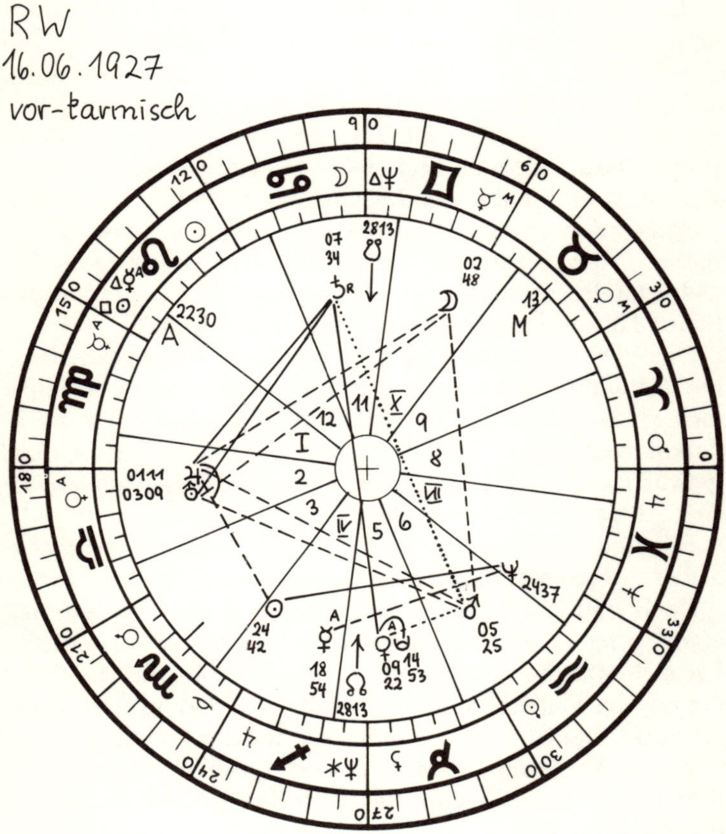

Abb. 13

Beim Anblick des vor-karmischen Bildes stieß die Horoskopeignerin einen lauten Schrei aus, mit einem Blick hatte sie erkannt, was sie mit sich – in sich trug.

Auf einen Blick fällt auf, wie beherrschend, aber auch strahlend der Mond steht. Noch dazu in der Färbung der Zwillinge, also merkurhaft betont. Dies ist fast ein Garant für das Ankommen, wie wir es an anderer Stelle beschrieben haben (Psych. Astrol. I, Der Mond im Künstlerhoroskop). Dazu der Mond im künstlerischen Stiersektor dieses Zeichens und nahe am MC als höchststehender Planet eingebunden in ein geschlossenes Lufttrigon, das sich ja mehr geistig orientiert zeigt als das Feuertrigon im Geburtsbild, zumal dieses Trigon die eher realen, stofflichen Häuser erfaßt, also die Häuser 2–6 und X.

Damit wird uns klar, daß hier aus der Vor-Inkarnation ein Ankommensbedürfnis der Seele vorliegt, welches einfach noch nicht ausgelebt ist! Und dieses Bedürfnis nach Ankommen wird eben in diesem bewußten Leben nun geprüft, wird dem karmischen Gesetz – einen Ausgleich für sich zu finden – unterworfen.

Schauen wir uns das Radix an, so heißt die Aufgabe sicher, dieses seelische Ankommensbedürfnis abzubauen.

Doch betrachten wir dieses vor-karmische Bild einmal etwas genauer. Wir erkennen eines sofort: Das Grundbild hat sich wahrlich nicht völlig verändert, obwohl die Stellungen der Planeten doch zum Teil recht anders sind. Dies ist eine Erfahrung, die wir immer wieder machten. Nun liegt der Aszendent hier im stolzen Löwe-Abschnitt, also sicheres Auftreten, wenn dies auch den Lebenskern etwas belastet (Quadrat Sonne). Der Berufungsdrang ideell ausgerichtet, da im 9. Haus stehend. (Auch dies brachte die Seele mit ins Geburtshoroskop.) Doch der Mond drängt an die Außenwelt, in den Beruf. Das Animalische dagegen (Neptun) geht bereits ganz in die Du-Ausrichtung, was wir ja auch (auf andere Art) im Geburtsradix gefunden haben. Hier aber zeigt der Neptun ein Quadrat zur Sonne, also sicher Krisen zwischen Animalität und Lebenskern, die aber im vorherigen Leben gelöst werden konnten, denn das Quadrat hat sich ja im Radixbild der Geburt in ein Sextil gewandelt. Auch dies ist eine folgerichtige Entwicklung, und wir werden grundsätzlich die Erfahrung machen, daß sich von Bild zu Bild keine zu sprunghaften Veränderungen ergeben können. Das Karma hat Zeit, das Karma läßt sich auch nicht jagen, was sich gut entfalten soll, muß langsam wachsen.

Die Quadrate, die der Mond im Radix aufweist, trägt hier der Saturn, auch zeigend, daß dies die nächste Aufgabe für die Seele sein wird. (Dies ergibt sich immer durch den Wechsel von Saturn und Mond in den Aspekten zu den langsamen Planeten ab Mars bis Pluto.) Wiederum eine Bestätigung für die Findung dieses Bildes. Hier haben wir es also demnach im Geburtsbild mit einer karmischen Aufgabe zu tun.

Bemerkenswert vielleicht noch, daß der uranische Confinis-Aspekt (30-Grad-Aspekt) zwischen Venus und Mars sich im Radix zu einer Konjunktion gewandelt hat. Also aus dem etwas zwiespältigen sprunghaften Verhältnis von Venus und Mars ist nun ein klares Zusammengehen geworden, aus der Zerrissenheit dieser Kräfte wurde eine schöne Union, die sicher größere Energien im musischen wie im gefühlsmäßigen Sinn freizusetzen vermag.

Betrachten wir noch einmal die karmische Achse im vorkarmischen Bild. Das 6. Haus ist saturnisch durch den Herrscher des Steinbocks, aber auch voller Marsenergie, da Mars hier zu finden ist, der wiederum in der Färbung des beschwingten, reformerischen Wassermannes. Der äußere Druck zeigt also auch schon etwas vom innewohnenden starken Ehrgeiz an, der im Geburts-Radix in der Mondstellung weiterlebt. Mars bringt dies sicher mit allen Chancen zur Lösung, so wie er hier im geschlossenen Trigon eingebunden steht.

Die innere Belastung im vor-karmischen Bild ersehen wir aus der Wachstumsfärbung des Krebses, verbunden mit dem Reifezeichen Löwe. Das vor-karmische Erbe deutet darauf hin, daß starke Wachstumskraft die Horoskopeignerin zu einer inneren Belastung führen könnte. Die Entspannung dieser Opposition ersehen wir aus der Spitze achtes Haus. Diese ist neptunisch ausgerichtet, Neptun/Quadrat/Sonne, war also in diesem Leben belastend für den Lebenskern. Aber mit Widder- beziehungsweise Marsfärbung, damit Aufbruch und kämpferische Annahme der Aufgabe, sich mit den Jenseitsfragen zu befassen, was im Grundbild des bewußten Lebens so nicht zu erkennen ist.

Wichtig noch im vor-karmischen Bild die recht enge Opposition von Saturn und Venus. Saturn als karmisches Symbol drückt hier also der Venus (nun sprechen wir vom Musischen, da dies der Beruf dieser Horoskopeignerin ist) den karmischen Stempel auf, so daß die Sehnsucht, Schauspielerin zu werden, völlig verständlich erscheint. Da Saturn im Mondzeichen steht, ist hier auch eine starke seelische Ausrichtung zu erkennen, wobei wir noch einmal mit einem Blick sehen, daß der Mond als höchststehender Planet fungiert, Venus dabei neben dem Durchsetzungssymbol Pluto kreativ im 5. Haus anzutreffen ist.

Eindeutiger geht es kaum.

Doch sollten immer beide Bilder zusammen gesehen werden, da wir nicht wissen, wo sich dieses Vorleben abspielte, unter welchen Umständen und in welchem Beruf. Hier geht es nur um seelische Erbmassen, die eben nicht sterben, die weiterleben, die ewig existieren. Die Opposition Saturn/Venus wurde gelöst, denn im Radix wurde daraus ja ein Trigon.

Ein anderes Beispiel.

Das «schwarze Schaf»

Da kamen sehr besorgte Eltern zum Astrologen, die so langsam an ihrem Jungen verzweifelten. Das Ehepaar hatte sich mühsam eine glänzende Existenz in der Textilbranche aufgebaut, sie hatten auf Exklusivität gesetzt und gewonnen. Inzwischen gehörten ihnen einige Grundstücke und Häuser. Sie hatten nur einen Jungen, der eigentlich etwas früher als geplant kam. Er ist ein «schwarzes Schaf», sagten sie. Dann auch: «Wir wissen gar nicht, von wem er die Eigenschaften hat, die er an den Tag legt! Er ist nicht nur launisch, sondern unleidlich, wenn nicht alles nach seinem Kopf geht. Er sagt nicht die Wahrheit, ach was, er schwindelt uns dauernd an, er lügt! Schon in der Schule hat dieser Junge immer den Unterricht geschwänzt, ist statt dessen in Sex-Kinos gelaufen, hat heimlich geraucht, harte Schnäpse und Bier getrunken, nur vor Drogen hat er einfach Angst. Dann scheint er auch hinterhältig zu sein. Oft fragen wir uns: Ist das ein Kuckucksei, das uns jemand in den Schoß gelegt hat? Wie er sich benimmt, wie er handelt, wie er reagiert, das kann er weder von uns noch von seinen Großeltern haben!»

Der Anlaß war folgender. Der Junge suchte immer jedes Unrecht – so drückte er sich aus –, das man ihm angetan hatte, zu rächen. Mit 21 Jahren hatte er im Textilgeschäft seiner Eltern ein Feuer gelegt, das noch gerade rechtzeitig entdeckt wurde. Schon vorher hatte sich der Junge öfters im Geschäft, das einen Umfang von 3000 Quadratmetern hatte und in mehrere Etagen vom Keller bis zum Dach aufgeteilt war, eingeschlossen. Er hatte Einbrüche vorgetäuscht, die Beute aber seinen Kumpels von Schule und Straße geschenkt, so erkaufte er sich Freunde. Aber nach dem Brand war der Eklat da, der Junge sollte jetzt außer Haus und in ein Internat gegeben werden, wogegen sich der Sohn heftigst sträubte.

Dazu ließ der Vater diesmal alle Vorsicht fahren. Er zeigte seinen Sohn bei der Polizei an. Der Sohn wollte das nicht glauben, denn – so schlau war er – er wußte, daß sein Vater damit auf eine horrende Versicherungssumme verzichtete. Doch der Vater blieb hart. Die Eltern waren als sehr wohlhabend, wenn nicht reich zu bezeichnen, was zur Folge hatte, daß dieses Einzelkind reichlichst verwöhnt wurde. Um Frieden zu haben, gaben die Eltern so gut wie immer nach. Nun war ihnen aber klar geworden, daß das Geschäft in kürzester Zeit heruntergewirtschaftet sein würde, wenn es der Sohn übernähme.

Der Astrologe erstellte das Horoskop.

Jeder, der das Geburtsbild dieses Jungen sieht, wird zunächst gar nichts von den geschilderten Schwierigkeiten erkennen, die eher noch untertrieben waren. Zwar fällt die Ballung der Planeten auf. Eine Ballung verrät so gut wie immer große Schwierigkeiten, nicht nur wegen der Einseitigkeiten, sondern weil sich zu vieles gegenseitig im Wege steht. Die Kräfte treten sich auf die Füße, kann man sagen. Und dies nun im neunten Haus, also in der Richtung der Erwartung, aber auch der Ideale. Bei dem Wort lachten die Eltern und meinten: «Ideale hat er keine, nur immer übergroße Pläne. Ferne Reisen will er machen, aber sich keine einzige Reise selbst verdienen!» An fantasievollen Plänen mangelte es dem Knaben nicht. Nur führte er nichts zu Ende, immer wieder kamen ihm neue Ideen. Erstaunlich im Grunde, denn Saturn als höchststehender Planet gibt ja Zähig- und Beständigkeit. Allerdings der Wassermann-Aszendent mit der Opposition zu seinem Herren, dem Uranus, zeigt schon möglichen schnellen, sprunghaften Wechsel im Leben, ja in der Lebensauffassung dieses Menschen an.

Ansonsten sieht das Horoskop nicht so übel aus. Die Quadrate sind auch nicht so gewichtig. Mond/Mars Quadrat zwar eng, aber ablösend. Uranus Quadrate zu Sonne und Merkur schon weiter, wenn auch zulaufend. Saturn/Merkur allerdings mit einem Confinis-Aspekt uranischer

Art verbunden, das heißt sprunghaftes Handeln im Schicksalsablauf. Das kann aber durch das Trigon von Saturn zu Uranus schön ausgeglichen werden. Durchsetzung ist für diesen Jungen über den animalischen Instinkt gut zu erreichen, wie das Sextil von Neptun und Pluto und von letzterem zur Sonne anzeigt. Mars und Jupiter mit ihren Sextilen zu Venus runden das Bild eher angenehm als beschwerend ab. Auffällig aber dann, daß alle Planeten über dem Horizont stehen, dazu im Außen-Du-Quadranten konzentriert. Starkes, fast süchtiges (Neptun) Echobedürfnis, wie ja auch Uranus am Deszendent anzeigt, auf was für Einfälle dieser Horoskopeigner kommt, um aufzufallen. Dazu Pluto im VII. Haus, was ja auch meist darauf hinweist, daß so ein Mensch das Du beherrschen möchte. Und das machte gleich bei diesem Bild stutzig: Der Mond ziemlich abgetrennt, dazu im karmischen 12. Haus. Es stellte sich nun heraus, daß sich der Junge stets sehr einsam fühlte, er sagte von sich, er müßte immer aus einem Gefängnis ausbrechen. Man kann annehmen, daß zunächst mancher Streich erfolgte, damit sich die Eltern um ihn kümmerten. Später, da sich diese Handlungen auszahlten, berechnete der Junge seine Taten, um einiges – wie er selbst zugab – für sich herauszuschlagen. Das Mars/Mond Quadrat läßt auf seelische Energie schließen, wenn sich die Seele auch gehemmt fühlt und daher immer ausbrechen will, so als wolle sie sich befreien. Der Mond übrigens im Steinbockabschnitt, also saturnisch, so sitzt in diesem Menschen doch zumindest unbewußt ein großer Ehrgeiz, der sich nur abrupt äußern kann und eigentlich (Mond 12. Haus) lange reifen muß, ehe er aufblühen kann.

Dieser Junge hatte als Einzelkind eine nicht glücklich zu nennende Jugend zu absolvieren, hätte er Geschwister gehabt, wäre manches sicher anders abgelaufen, aber die standen ja auch nicht in seinem Geburtsbild. Der karmische Planet Saturn steht oben hoch im Bild am MC, was ja auch eine besonders lange Mühe auf dem Weg nach oben offenbart, wenn die Stellung in Schütze schon etwas Entfaltungskraft von der Färbung her anzeigt. Aber der schon besprochene Confinis-Aspekt mit Merkur sagt aus, daß dieser Horoskopeigner nicht bei der Stange bleiben kann. Sonne und Merkur und Neptun dabei noch im Abschnitt Skorpion, also starker Selbstbehauptungsinstinkt, bewußte Ausrichtung und Handeln für die eigene persönliche Durchsetzung, denn wir wollen nicht vergessen, daß Skorpion ja auch das Zeichen von Pluto ist. Also haben diese drei Planeten doch auch plutonischen Charakter. Damit zur karmischen Oppositionsachse.

Da ist das karmische 6. Haus. Es beginnt in Krebs, ist also mondhaft ausgelegt. Die Seele will also wachsen und reifen (weitere Löwefärbung dieses Hauses), und dies war der äußere Druck, den dieser Mensch erlebte: Er konnte nicht wachsen. Er blieb sozusagen immer das Kind und gefiel sich in der ewigen Kindrolle wohl letztlich auch sehr gut. Zum anderen ist anzunehmen, daß die Eltern vielleicht zuviel von ihrem «Einzigen» erwarteten, denn das Geschäft – so hieß es immer wieder – bauen wir ja nur für dich auf. Es mag für viele nun vordergründig ein Zufall sein, daß die Sonne seiner Mutter im Abschnitt Krebs stand, die des Vaters im Abschnitt Löwe.

Hier handelt es sich zwar zunächst nur um das Geburtsbild, aber wenn Sonne und Mond der Eltern im karmischen Bereich stehen, dann ist dies durchaus einiger Beachtung wert.

Im Haus 12 – dem Anzeiger für das vergangene Karma und für die innere Belastung daraus – finden wir eine Wassermann- und vor allem eine Steinbockfärbung, weil die Spitze dieses Hauses in diesem saturnischen Abschnitt liegt. Aber der Mond beherrscht diesen Raum, die Seele ist also mit Ehrgeiz vom vorherigen Leben belastet, damit muß sie sich jetzt als inneren Druck auseinandersetzen, zumal der Saturn (der Herr über Mond und die Spitze dieses Hauses) höchststehender Planet ist. Entlastung findet über die Spitze 8 statt, also über Jungfrau, damit über Merkur, der zu Saturn im uranischen Confinis-Aspekt steht. Jetzt erst werden die Schwierigkeiten dieses Sohnes einigermaßen klar, die eben wohl nicht – zumindest nicht allein – aus dem jetzigen Leben stammen. Mond steht hier bildlich gesehen vor einer Neugeburt. 1½ Tage später geboren, stände um dieselbe Uhrzeit der Mond im I. Haus. Betrachten wir noch die Achse der Mittsuche, die Mondknotenopposition. Die geht von Spitze X zu Spitze IV. Die Verwurzelung (absteigender Mondknoten) steht zwar schon in Haus 3, trotzdem ist hier noch eine starke Bindung zu den Eltern zu sehen, wenn auch die untere Hälfte dieses Bildes nicht besetzt ist, was die Planeten betrifft.

Bei diesen Gesprächen gewannen die Eltern den Eindruck, daß der Astrologe viel Verständnis für den Jungen haben könnte, und baten ihn um eine Unterredung mit dem Sohn.

Das geschah. Er kam freundlich, aufgeschlossen (Aszendent Wassermann) und zeigte sich auch für Psychologie interessiert, nur nahm er von alldem nichts nach Hause. Sein Wort war: «Ich wurde von meinen Eltern immer nur Prinz gerufen, durfte aber nie Prinz sein. Aber – meine Eltern sind ja auch keine Könige!»

Kurz – man würde diesen Jungen als recht uneinsichtig einstufen müssen.

Als die Rede auf sein vor-karmisches Bild kam, hatte er nur den Wunsch, daß seine Eltern dies nicht sähen, und er war auch bereit, es allein zu bezahlen. Inzwischen jobbte er und verdiente nicht schlecht.

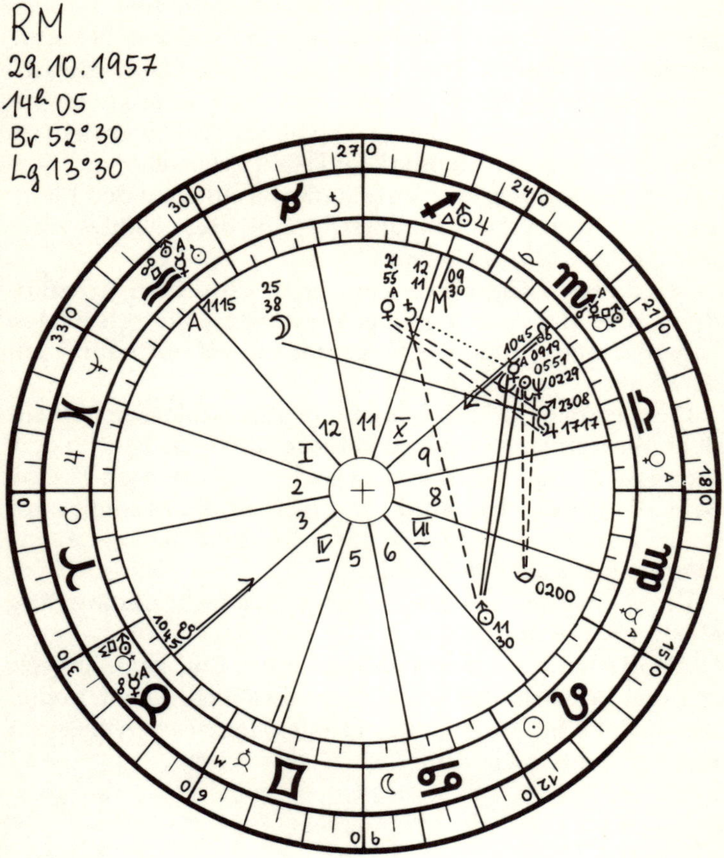

Abb. 14

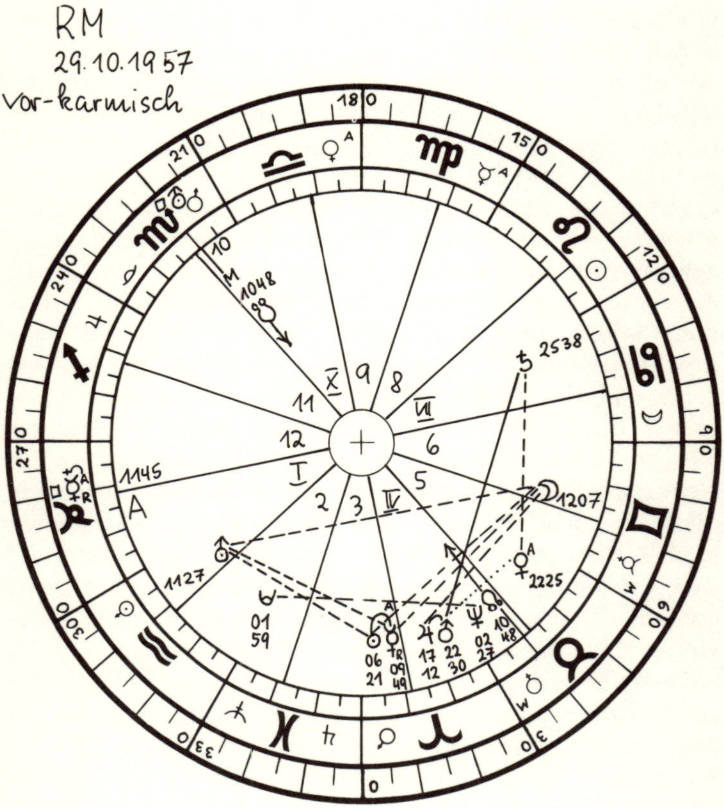

Abb. 15

Alles, was im Geburtsbild oben stand, ist nun unten zu sehen – was ja dem karmischen Gesetz von den Gegenpolen entspricht.

Diese Oppositionsausrichtungen von einer Inkarnation zur anderen zeigen uns im Grunde die Extreme, zwischen denen wir die Balance finden müssen. Aber Saturn ist hier der einzige Planet, der über dem Horizont steht, nun im VII. Haus, wenn auch Uranus – unter dem Horizont – der höchststehende Planet ist. Saturn im Abstieg begriffen, während er im Geburtsbild dann hoch droben steht. Das Quadrat zum Mars im vor-karmischen Bild erklärt uns aber manches gewaltsame Handeln, manche unkontrollierten, aggressiven, auflehnenden Reaktionen in seinem Leben. Ansonsten zeigt dieses Bild nur Chancen und Talente. Das Mars/Saturn-Quadrat prägt sich aber in der Seele aus, da ja im Geburtsbild Mond und Mars das Quadrat haben, was zeigt, daß dies bereits vom Vor-Karma vorweggenommen wurde. Doch sonst: das sehr, sehr nahe Trigon des Mondes (als anderes karmisches Gestirn) zu Uranus, der im Geburtsbild ja diese Verbindung zu Saturn hatte. (Da beide die Plätze tauschen, bleibt dies bei den langsamen Planeten ja als Gesetz stets bestehen.) Dann die vielen Sextile, die sich auf die Sonne konzentrieren, wir können hier sogar von einer Drachenhaupt-Figurine sprechen, die sich auf die vierte Häuserspitze konzentriert. Also auch das ist ins bewußte Leben übernommen worden, die Anhänglichkeit an die Familie, die jedoch ohne dieses Bild nicht so gut aus dem Radix zu ersehen gewesen wäre.

Mars und Venus sind durch den uranischen Confinis-Aspekt verbunden, was sich im Geburtsbild in ein Sextil wandelte, also anzeigt, daß hier eine Entwicklung stattgefunden hat.

Auf den ersten Blick könnte man nun sagen, daß dieser Horoskopeigner scheinbar seine Chancen und Talente in seiner vor-karmischen Zeit nicht genügend genutzt hat, sondern daß die Aufgabe im bewußten Leben nun folgerichtig etwas härter sein müßte. Aber – und das ist eben auch das Karmische, das wir in uns haben – dieser Mensch trägt im jetzigen Leben eben noch etwas von diesen Wunderkindaspekten (wie Sextile und Trigone auch genannt werden können) mit sich herum. Wir kommen eben – im karmischen Sinn – nicht nur mit den Anlagen des Geburtsbildes auf diese Welt, sondern tragen das Vor-Karmische noch als Erbe mit in uns. Und das sind die Schwierigkeiten, die sich uns hier offenbaren. Sicher legte ihm das Karma, so kann man sagen, im bewußten Leben noch zwei Quadrate drauf, um so die Seele langsam an die höheren Anforderungen zu gewöhnen, aber das in diesem Falle wohl «leichte» Erbe ist eben auch noch vorhanden. Hier handelt es sich nur um eine vorsichtige Druckverstärkung. Aber es ist schon betont worden, daß sich ja grundsätzlich diese Bilder gar nicht stark ändern dürfen, soll es sich um ein Schicksal handeln, um eine in sich folgerichtige Karma-Entwicklung.

Auffallend ferner, daß der Mond aus dem vor-karmischen Haus 6 im Radix in das Karmahaus 12 kommt. Die Logik, die dahintersteht, ist einfach überwältigend! Da wir im Geburtshoroskop das Haus 6 als das jetzige Karma bezeichnen, das Haus 12 als das der inneren Belastung aus dem Vor-Karma, wird einen dieser Mondwechsel hier schon sehr beeindrucken. (Es ist nicht immer so offensichtlich.) Das sieht nach einer inneren Folgerichtigkeit aus, was ja hier heißt, daß es um die Seele geht. Meist geht es nämlich um zwei oder drei Kräfte, die sich entwickeln müssen, hier geht es um die Seele, das Unsterbliche selbst.

Da nun die Seele in einem bewußten Leben so gut wie unveränderbar ist, kann man davon ausgehen, daß es dieser junge Mann sehr schwer haben wird, wenn er sich nicht selbst mit seelischen karmischen Dingen befaßt. Es ist so, als wolle ihn das Karma an das Karma heranführen, als wäre diese Zeit nun für diesen Horoskopeigner gekommen!

Dies alles trug der Junge nach einem dreistündigen Gespräch (hier lasse man sich viel Zeit für die jeweilige Besprechung), mit sich herum, ohne den Eltern etwas davon zu sagen. Zwei Wochen später kam er wieder und fügte diesem Gespräch dann einen schlauen Satz hinzu: «Aber meine Eltern haben doch an allem Schuld, da sie mich wegen ihres Geldes vernachlässigt haben.» Hier halfen nun kaum mehr Argumente, daß die Eltern doch seinetwegen so am Aufbau des Geschäftes gearbeitet haben oder ähnliches. Der Astrologe nahm aber trotzdem den Angriff auf die Eltern nicht an, sondern verwies auf das Urgesetz des Karmas, daß es eine Schuldzuweisung auf andere nach dem großen Gesetz *nicht* gäbe. Und daß Saturn jedesmal deutlich anzeige, daß er für sein Schicksal in der Echo- und Außenwelt selbst verantwortlich sei. Er müsse lernen, dieses Leben als Prüfung anzunehmen und zu tragen.

Die Arbeit mit diesem jungen Mann ging übrigens nicht so positiv aus, wie sie sich angelassen zu haben schien. Er wollte zu früh sein Leben auf die eigenen Beine stellen, nahm – dank des Namens seiner Eltern – einen hohen Bankkredit auf und scheiterte. Dann kam er noch einmal zum Astrologen und sagte: «Ehrlich, ich muß es Ihnen gestehen, ich warte auf den Tod meiner Eltern, um zu erben, um dann mit meiner Frau völlig neu anzufangen.»

Das Schicksal nahm seinen Lauf, oder soll man sagen: das Karma? Der Vater hatte eine Freundin, die er dann auch heiratete. Drei Jahre später war er tot.

Aber er wollte, daß sein Sohn das Geschäft übernahm, auch wenn er seine zweite Frau als Vorerbin einsetzte.

Der Sohn, inzwischen hoch verschuldet, weil er vergeblich über einen Bankkredit schnell zu Geld kommen wollte, war aber schon nicht mehr bereit, die Last auf sich zu nehmen und auch den Kampf mit der zweiten Frau seines Vaters zu bestehen. Diese bot ihm Geld an, damit er das Erbe ausschlage, dafür würde sie seine Schulden übernehmen und ihm genügend Geld für die nächsten zwei Jahre geben.

Ein Rechtsanwalt hielt den Sohn davon ab, das Erbe auszuschlagen, denn damit würde er ja nur sein Pflichtteil bekommen.

Der Sohn aber schwankte weiter, und als die zweite Frau ihm anbot, ihr seinen Anteil zu verkaufen, willigte er ein. Kurz: Der Sohn verstand und begriff seine Aufgabe nicht, er ging immer den leichteren Weg. Genau das aber liegt so gut wie nie im Sinn des Karmas.

Hier war der Untergang eigentlich vorprogrammiert, und es scheint fast sicher, daß nur schwere Schicksalsschläge diesen jungen Mann zur Besinnung bringen könnten, wenn auch vielleicht nicht in diesem Leben.

Es sei noch einmal betont, daß das vor-karmische Bild nicht isoliert gesehen werden sollte. Diese Bild-Findung hat nur als ergänzende Betrachtung einen Wert, damit nicht zuviel in das Bild hineingeheimnist wird. Wenn man dies bedenkt, lohnt sich die Arbeit mit dem Karma auch in der Praxis. Wir müssen ja stets versuchen die praktische Hilfestellung, die uns ein Horoskop geben kann, zu sehen und zu verwerten. Bei etwas Übung sieht man das vor-karmische Bild zwar auch im Geburts-Radix, aber die Aufzeichnung ist doch eindringlicher. Sie hat jedoch ungefragt und ungebeten besser zu unterbleiben.

Es mag noch interessant sein zu wissen, daß das buddhistische Wort «Nirvana», das ja auf viele eine faszinierende Anziehungskraft hat, weil es das große Ziel ist, nichts anderes bedeutet als: «Wo der Wind des Karmas nicht weht.»

Dahin wollen die wahren Buddhisten gelangen, um zu erwachen. Buddha heißt ja schlicht «ein Erwachter». Wir müssen also im karmischen Sinn erwachen, um zu einer Bewußtseinsebene zu gelangen, die jenseits der Illusion liegt, damit erst jenseits des Karmas.

So allein ist es auch zu verstehen, daß das, was wir innerlich nicht erreichen, weil uns unsere innere Situation meist nicht klar ist, dann von außen geschieht, damit wir erwachen. Wir werden krank, um (auch) nachzudenken, wir erleiden Schwächeanfälle, um uns zu besinnen, wir versagen, um wieder auf den richtigen Weg zu kommen und uns nicht falschem Leistungsanspruch zu unterwerfen.

Das Außen-Schicksal steht in direkter Beziehung zu unserem seelischen Erbgut. Alles, was auf uns zukommt, das kommt aus uns selbst! Das ist das Entscheidende, das wir wirklich verstehen müssen, um festen Grund im Strom des Lebens zu bekommen, so daß wir nicht mit einer Strömung mal hierhin mal dorthin treiben.

Und um festen Grund zu bekommen, um uns links und rechts ausgleichend festhalten zu können, brauchen wir eben hin und wieder die beiden Bilder, von denen wir hier sprechen.

Es scheint also recht gut möglich zu sein, Entwicklungen der Seele aufzuspüren beziehungsweise zurückzuverfolgen, wenn man das karmische Gesetz nicht als völlig irreal ablehnt. Existiert das Gesetz, dann muß dies im Horoskop auch deutlich werden. Lehnt man das Karma ab, dann stuft man die Schöpfung als reine Zufallsfabrik ab. Aber das Wort Zufall, dies sagte schon Gotthold Ephraim Lessing, ist Gotteslästerung.

Wer das Karmische ablehnt – warum auch nicht –, dem kann dieses Bild trotzdem etwas von einem inneren Erbgut vermitteln, denn dies ist ja sicher, wir leben mit Erfahrungen, die wir selbst nicht gemacht haben.

Und wer sich dieses Bild nicht ausrechnen möchte, der beschäftige sich wenigstens mit der karmischen Opposition und den Stellungen wie Aspekten von Mond und Saturn in seinem Radixbild. Bedrückungen von außen und innere Belastungen werden so viel verständlicher, sind damit auch leichter zu bewältigen. Dies ist sicher ein gangbarer Weg zur Selbsterkenntnis, der durch das Horoskop schneller zu finden ist als durch irgendeine andere Methode, so viele es auch geben mag.

Damit zu einem Beispiel, wo eine Leidenschaft und viel Neid das Leben prägten, wobei zu betonen ist, daß Neid im karmischen Sinne mit das allerschlimmste Vergehen ist. Neid ist der größte Fehler der Menschen, das sagen die Buddhisten, erst aus der Neidüberwindung kann ich mich erheben und aufsteigen.

Das wunderliche Kreuz

Jeder nur etwas bewanderte Astrologiekundige, dem wir das folgende Bild vorlegten, schlug die Hände (zumindest bildlich) über dem Kopf zusammen und stöhnte: «Wie gut, daß ich diese Frau nicht beraten muß!»

Dieses Radix ist eine einzige Verspannung ohne jede Entspannung. Da gibt es keine entspannten Oppositionen, dagegen haben wir es hier fast mit einem klassischen wunderlichen Kreuz zu tun, wie Kepler diese Figurine nannte. Hätte Saturn mit Neptun noch eine Opposition, dann wäre ein perfektes wunderliches Kreuz zu sehen. Aber die drei horizontalen Oppositionen erschweren dieses Bild fast noch mehr, als es dieses Kreuz täte, zumal fast parallel dazu noch die Mondknotenachse verläuft. Hier ist also eine übergroße Spannung vom Ich zum Du zu sehen, die die Entfaltungskraft des Jupiter aushalten muß, je nachdem wie man an die Jupiterdeutung herangeht.

Jupiter steht nun in seinem eigenen Zeichen ja sehr stark, dazu im I. Haus, dem Raum der Grundlebensauffassung. Entscheidend dann noch die Quadrate von Saturn, der sich ja engstens mit dem Herkunftspunkt verbunden zeigt, also damit auch der tiefststehende Planet ist. Das weist auf eine schicksalshafte Verwurzelung hin, die die Du-süchtige Ausrichtung aber gründlichst hemmt.

Es ist schon gesagt worden, daß niemand ein schwereres Kreuz aufgeladen bekommt, als er tragen kann, was auch für diese Frau galt. Sie war Erbin einer gutgehenden Galerie in einer Großstadt und kam von Jugend an mit bildenden Künstlern in Verbindung, woraus sich eine Schwäche entwickelte, die sie in ihrem Leben nie mehr los wurde.

Das – scheinbar – Tragische in diesem Leben war nämlich, daß diese Frau sich selbst gerne und fast fanatisch künstlerisch betätigen wollte. Zunächst ging dies gegen ihren Willen vor sich. Sie kam mit drei Jahren auf Wunsch der Eltern in eine Ballettschule, dann mußte sie Klavier- und Geigenunterricht nehmen. Dabei malte sie viel lieber, aber diese Kritzeleien wurden von ihren Eltern, die als Kunstsachverständige einen guten Ruf hatten, nur verlacht. Das züchtete bei der Horoskopeignerin früh Minderwertigkeitsgefühle, wie es Saturn am IC kaum besser zeigen kann, zumal mit seinen vier Quadraten. Schließlich kam sie auf den Gedanken, ihre Klavierstunden zu schwänzen, in augenzwinkernder Absprache mit der Lehrerin, die weiterhin ihr Geld bekam, dafür nahm die Tochter hinter dem Rücken ihrer Eltern Zeichenunterricht. Es dauerte längere Zeit, ehe die Eltern hinter diesen Schwindel kamen, und nur weil ihnen auffiel, daß die Klavierstunden plötzlich so teuer geworden waren. (Kunststück, wenn darin auch das Honorar für den Zeichenlehrer enthalten war!) Zur Hilfe kam der Frau, daß sie sehr attraktiv war, also beim männlichen Geschlecht bestens ankam.

Sie war in der Schule fleißig, aber auch nur – nach ihren Worten –, um Zeit für ihre Zeichnungen und Malereien zu haben. Mit der Zeit hatte sie es doch durchgesetzt, daß die Eltern ihr in ihrem großen Haus unter dem Dach ein Atelier einrichteten.

Ungeduldig wie diese Horoskopeignerin war (Merkur in Zwillinge im uranischen 30-Grad-Confinis-Aspekt zu Uranus), zeigte sie ihre Bilder bald vielen Malern oder anderen Künstlern, die nun den Fehler machten, diese Bilder recht hoch zu loben, wohl auch um es sich mit den Eltern, den Besitzern der «ersten» Galerie am Platze, nicht zu verderben. Außerdem wollten sie dem so hübschen Mädchen nicht die Freude am Malen nehmen, und aus den Bildbetrachtungen entwickelten sich manche Flirts und ersten intimen Abenteuer.

Nun reagierten die Eltern entschieden.

Es kam zu großen Auseinandersetzungen zwischen ihnen und der Tochter. Man trennte sich. Die junge Frau wollte ihr Leben selbst in die Hand nehmen. Sie war sich ihrer Wirkung auf Männer auch ziemlich sicher. Und was die Eltern fast mit Gewalt hatten verhindern wollen, geschah:

Die junge Künstlerin zeigte ihre Bilder einem älteren Galeristen, der sich prompt in die Frau – nicht in die Künstlerin – verliebte. Um ihre Liebe zu gewinnen, lobte er ihre Arbeiten (ungerechtfertigt) sehr hoch, was das Selbstbewußtsein dieser Frau förderte. Er plante mit ihr – wenn auch erst in drei, vier Jahren – eine Ausstellung.

Doch der Volksmund würde sagen: Wie es das Schicksal so will!

Der Galerist verstarb nach kurzer Krankheit, hatte ihr aber – selbst ohne Kinder und Erben – seine Galerie vermacht. Wenn das kein Karma ist!

Nun hätte diese Frau ihre Bilder selbst ausstellen können. Sollte sie das tun? In dieser Situation kam sie zum Astrologen.

Wenn wir uns dieses Geburtsbild – abgesehen von der Verspannung – genauer betrachten, dann erkennen wir den überstarken Anerkennungswunsch. Jupiter hält die Balance, aber auch anzeigend, daß die Entfaltung eher egozentrisch orientiert ist, da dieser Planet im ersten Haus steht. Dies ist als Vorteil zu werten, denn sonst würde die Horoskopeignerin in ihrer Du-Süchtigkeit wohl alles aufs Spiel setzen.

Neptun als höchststehender Planet nahe am MC weist auf eine Instinktausrichtung in die Außenwelt, und daß die Berufung zum Beruf werden muß, zeigt uns das MC im X. Raum.

Da sich allerdings die Himmelsmitte mehr zum elften Haus verschoben hat, ist doch eine Ausrichtung in den kleineren, dafür engeren Kreis zu sehen, auch in die soziale Gemeinsamkeit. Eigentlich gute Voraussetzungen für die Führung einer Galerie.

Vom karmischen Symbol Saturn ist schon gesprochen worden, der sozusagen die Wurzel der Waage darstellt zwischen den Jupiter-Oppositionen zur Besetzung des siebten Raumes. Das zweite karmische Gestirn, der Mond, das Unsterbliche, die Seele, strebt nun ganz zur Ergänzung, zum Du, er zeigt sich im Abschnitt Zwillinge ja merkurisch aufgeschlossen, so daß ein gutes Ankommen – trotz der Verspannung – zu erwarten ist. Die Ballung findet im Zeichen des Merkur als Morgenstern (Zwillinge) statt, so daß der Merkur hier eine besondere Wichtigkeit erhält. Diese Du-Ausrichtung der vielen Planeten und des Mondes wird nun von Saturn gebremst. Hier hemmen sich also die beiden am stärksten karmisch ausgerichteten Gestirne gegenseitig. Sonne schon im achten Haus, was die Horoskopeignerin sicher auch zum Astrologen führte, aber nicht nur zu ihm. Sie besuchte Handleser, Kartenschläger und Geistheiler, was wohl auf eine innere Unsicherheit hindeutete. Gefährlich war, daß diese ihr oft nach dem Munde redeten, denn sie ahnten, was sie hören wollte. Sie imponierte und hatte ein durchsetzungsstarkes Auftreten.

Dieses «natürliche» Geschenk gab ihr wohl das zulaufende Trigon von Saturn zu Pluto. Hinzu kamen – wen wundert's, möchte man sagen – mehrere Krankheiten, die oft als Flucht aus der Wirklichkeit zu verstehen waren.

Der erste Hinweis bei der Beratung war dann auch, die ererbte Galerie nicht nur als Geschenk, sondern als Aufgabe anzusehen, um nicht sich selbst, sondern andere zu fördern.

Die Galeriebesitzerin verschob eine geplante Ausstellung ihrer Arbeiten und stellte bereits bekanntere Maler aus, um sich ein eigenes, gutgesinntes Publikum zu schaffen. Es bewarben sich natürlich auch die Maler, mit denen sie vorher intime Beziehungen gehabt hatte. Aber sie bissen bei ihr auf Granit, wenn sie nicht künstlerisch ausreichten. Ihre Urteilsfähigkeit wurde immer besser, wenn auch meist sprunghaft ausgerichtet (Confinis Merkur/Uranus).

Sie entdeckte Begabungen, schloß recht günstige Verträge ab, so daß die Galerie bald ein eigenes Gesicht bekam und aufblühte. Und doch bekannte sie, daß jede Vernissage, die sie eröffnete, ihr weh tat und schmerzte. Sie war da stets den Tränen nah und mußte bei der Ausstellungseröffnung große Beherrschung an den Tag legen. Das hatte sie von den Eltern gelernt (Saturn am IC). Das Geschäft florierte, was fehlte, war eine feste Bindung. Diesbezüglich traute sie kaum jemandem mehr, aus Angst, man würde sie nur wegen ihrer Galerie mögen.

So vergingen drei, vier Jahre.

Die Horoskopeignerin hatte heimlich weitergemalt, und nun kündigte sie eine junge Malerin an, hinter deren Namen sie sich selbst verbarg. Aber diese Malerin war bestens aufgebaut: ein Fotomodell – künstlerisch begabt – mit einem künstlichen Lebenslauf ausgestattet. Doch dann mußten bei der Eröffnung die Gäste enttäuscht hören, daß diese Künstlerin bei einer Reise ins Reich der Azteken erkrankt wäre und nicht kommen könne.

Die Ausstellung war ein Erfolg, die Galeriebesitzerin konnte zufrieden sein. Aber das Karma war aufgerufen. Ein Maler tauchte auf, der vor Jahren länger mit ihr befreundet gewesen war. Er erkannte sofort den Schwindel am Stil der Bilder, mit einem Blick hatte er ihre Technik analysiert.

Dieser Künstler – charakterlich etwas auf die schiefe Bahn gekommen – begann nun die Frau zu erpressen. Er wollte zwar kein Geld, aber erneut eine private Beziehung und – das schien ihm noch wichtiger zu sein – eine eigene Ausstellung um die günstige Adventszeit.

In dieser Situation kam die Galeristin wieder zum Astrologen. Zuvor wäre aber noch das Karmische in ihrem Radix zu analysieren. Das sechste Haus, das Haus der gegenwärtigen karmischen Bedrückung, beginnt in Widder, endet in Stier, aber darin steht Uranus. Also wechselhaftes, unruhiges Geschehen. Betrachten wir Mars: kämpferische Einstellung von außen und beharrliche Schwierigkeiten, die auch die innere Sicherheit in Frage stellen (Stier/Venus). Beide Herrscher dieser Zeichen auf das Du fixiert, da besteht die Gefahr, daß sich die Horoskopeignerin immer mehr in ihr Du-Karma verfängt.

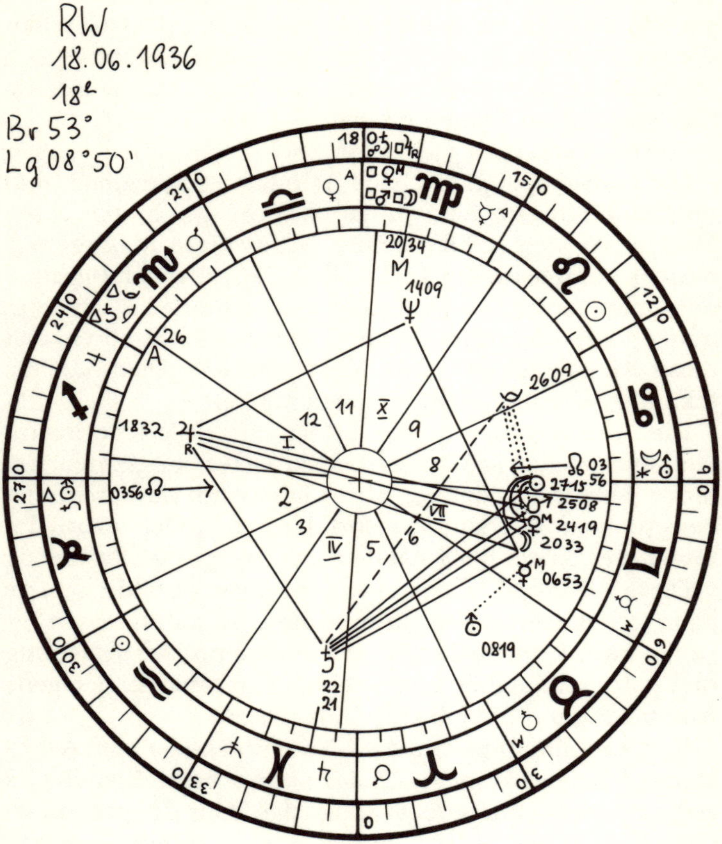

Abb. 16

RW
18.06.1936
vor-karmisch

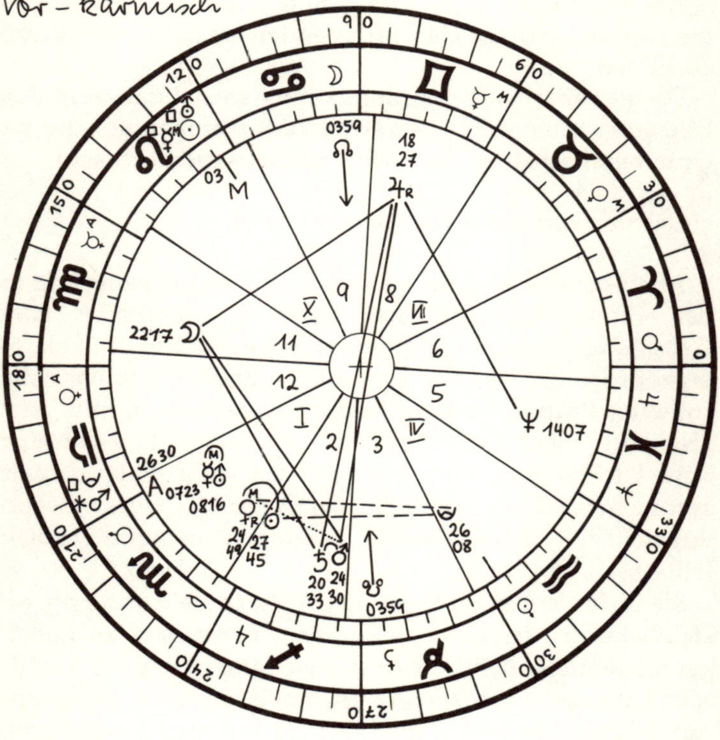

Abb. 17

Die innere Belastung, auf dem vor-karmischen Erleben aufgebaut, zeigt wiederum Venus und Mars als Herrscher. Man sieht also, wie das Karma wohl fortgesetzt wurde. Auch hier innere Belastung aus dem Zwiespalt zwischen Verbindung (Waage) und Selbstbehauptung (Skorpion). Die Entspannung über das achte Haus, wo die merkurische Sonne so führend steht und dem das Mondzeichen Krebs die Färbung gibt, ist also nur über den eigenen Lebenskern zu finden.

Da hier aber auch die Mondknotenachse liegt, wird das Ringen zwischen Selbstwert und Verlusthinnahme oder gar Opferbereitschaft sicher auch nicht unwesentlich sein.

Das vor-karmische Bild wurde erstellt.

Auch hier ist zu erkennen, daß sich dieses Horoskop in der «Ersten-Blick-Tendenz» nicht so wesentlich vom Geburtsradix abhebt. Immerhin erkannte die Horoskopeignerin sofort – fast zu spontan –, daß sie demnach die früheren Prüfungen nicht bestanden hätte. «Ich muß jetzt also noch mehr ausbaden. Das Bild hier sieht zwar eine Spur leichter aus, aber daran bin ich wohl schon damals zerbrochen.» Nun fragte sie der Astrologe, ob sie schon ernsthaft mit dem Gedanken an einen Selbstmord gespielt habe.

Sie nickte nur mit dem Kopf. Die Frage stellt sich nun, ob sie vielleicht damals so aus einem vor-bewußten Leben geschieden sei, denn das verstieße ganz gegen das karmische Ur-Gesetz. Auffallend nun, daß jetzt Jupiter statt Neptun höchststehender Planet ist; das verstand sie sofort: «Meine Entfaltungssehnsucht, die ich mit in dieses Leben genommen habe!»

Aber wir müssen dabei beachten, daß der Jupiter im 8. Raum steht, also eine Entfaltungssehnsucht nach jenseitigen Dingen gar nicht so abwegig schien, zumal ja die Oppositionen zu Mars und Saturn vorhanden sind, wobei die Opposition Jupiter/Mars ja auch im Geburtshoroskop zu finden ist. Die zweite Überraschung für die Horoskopeignerin war, daß Pluto wie im Geburtsbild wiederum der einzige Planet war, von dem Talentaspekte ausgingen.

Auch die markante Stellung des Mondes im 11. Raum übernahm sie und bezog dies auf ihre Galerie und die sozialen Ausrichtungen, «... die also tief in meiner Seele liegen». Die starke Ich-Besetzung ist von der Findung her logisch, obwohl sieben Planeten im Innen-Ich-Raum schon eine ungeheure Eigenwilligkeit mitbringen, die sicher auch noch im Erbe dieser Horoskopeignerin für dieses bewußte Leben verankert ist.

Die Aufgabe heißt jetzt also, sich der Du-Welt zu stellen, gerade weil die einstige Eigenwilligkeit so überaus stark ausgeprägt war. Merkur und Uranus übrigens hier in Konjunktion, im Geburtsradix ja im 30-Grad-Aspekt. In diesem Bild wird die Konjunktion von Sonne und Venus nicht durch den Mars gestört, also nicht mit zuviel Willensenergie aufgeladen.

Das Problem in diesem Bild ist nun die Konjunktion von Mars und Saturn, aus der im Radix ein Quadrat wurde. Der idealistische Mars (weil in Schütze stehend) hat etwas revolutionären Charakter, da er sich von Saturn löst, er wird auch ein Leben später im Wachstumsquadrat dem Saturn Freiheit abringen wollen. Im vor-karmischen Bild hat der Mars zum Mond ein Quadrat, im Radix eine Konjunktion. Die unsterbliche Seele ist also voller Energie, aber dadurch auch sicher zu aufgeladen, kaum bereit, das Karma wenigstens hinzunehmen. Neptun steht hier in seinem Abschnitt Fische, dazu kreativ im fünften Haus, auch dies weist auf den kreativen Instinkt mit Täuschungscharakter hin, dem sich die Galeristin ausgesetzt sah – schauen wir nur Neptun mit seinen zwei Quadraten im Radix an.

Die Horoskopeignerin zeigte sich von dem Zusammenspiel beider Bilder sehr beeindruckt, erklärte – wie viele andere –, daß sie jetzt erst ihr Radix richtig aufnehmen könne.

Sie begann ihr Leben zu verändern.

Nach außen erfüllte sie nun tadellos ihre Pflichten. Den sie erpressenden Maler setzte sie nach drei Tagen (der Astrologe bat ums Überschlafen) vor die Tür. Die erste Aufgabe war bestanden. Dann begann die Horoskopeignerin zu meditieren, beschäftigte sich auch mit den Bildern der großen Arcana, des Tarot und nahm diese Bilder dann derart auf, daß sie für ihren Malstil eine neue Ausdrucksweise kreieren konnte. Nun malte sie Bilder mit archetypischem Hintergrund, die ein echter Ausstellungserfolg wurden, wenn auch nicht in ihrer Galerie.

Sie reiste dann nach Indien, malte Mandalas, wollte damit einen Kalender herausgeben, aber dazu kam es nicht mehr. Eines Tages verkaufte sie über Nacht ihre Galerie und ward nicht mehr gesehen, sie war wirklich wie vom Erdboden verschwunden.

Ohne Abschied reiste sie außer Landes, keiner wußte und weiß, wo ihr Ziel lag. Sicher wollte sie neue Erfahrungen sammeln und von vorn anfangen. Vielleicht hat sie einen guten Weg gefunden.

Gedanken um einen Freitod

Nun zu einem Beispiel, das der Astrologe nur am Rande miterlebte, aber es handelt sich um ein Schicksal, das ihn menschlich sehr berührte. Da dieser junge Mann nicht mehr lebt, ist es erlaubt, sein vor-karmisches Bild zu bringen. Ansonsten sind die Hinweise und Angaben sehr verschlüsselt worden. Es handelt sich um einen sehr begabten jungen Mann, der musizierte und in den pädagogischen Beruf gehen wollte. Die Freundin dieses Mannes war dem Astrologen bekannt, und sie schilderte diesem, daß dieser junge Mann wohl einen schweren Stand im Leben, in seiner Umgebung und teilweise auch in seiner Familie gehabt hätte. Das Verhältnis zu dieser Freundin war nicht so ganz unkompliziert, manchen Launen, Schwankungen und wohl auch beiderseitigen Schwierigkeiten unterworfen. Mal war die Bindung eng, dann lockerer.

Beide hatten aber das Gefühl, ja das Wissen, eng miteinander verbunden zu sein, auch wenn die Entfernung einige hundert Kilometer betrug. Eines Tages trennte sich dann der Mann aber scheinbar völlig von seiner Freundin. Er fühlte sich für eine dauerhafte Partnerschaft nicht fähig und reif genug. Er verschwand aus dem Gesichtskreis der jungen Frau. Diese war jedoch so tief von dem jungen Mann angerührt, daß sie wenigstens mit ihm sprechen – also doch in Verbindung bleiben wollte. Sie hatte recht, denn trotz weiter Wohnsitzverlegung kamen diese beiden liebenswerten jungen Menschen wieder zusammen und sich auch erneut näher. Der junge Mann, der sich wahrlich ernsthaft mit sich und seinen Schwierigkeiten herumschlug, hatte einen Therapeuten aufgesucht, um mit diesem durch eine psychologische Behandlung ganz zu sich und zu seiner Umwelt zu finden, mit der er so schwer von ganzem Herzen seinen Frieden schließen konnte.

Wenn wir uns das Geburtsbild anschauen, dann erkennen wir auf den ersten Blick mehr Chancen- und Talentaspekte als Aspekte, die einen Horoskopeigner in die Pflicht nehmen.

Ein Leistungsdreieck, mit Pluto an der Spitze und ins erste Haus zeigend, weist zwar darauf hin, daß die Durchsetzung für diesen jungen Mann sehr wesentlich sein wird. Noch dazu, da der Aszendent Ende Krebs liegt und dieser sich zwischen Mond und Uranus eingeschlossen zeigt. Mond in Löwe – näher am Aszendent als Uranus – ist Geburtsherrscher, was ja eine starke Empfindlichkeit zur Umwelt gibt, auch eine Scheu, sich durchzusetzen. Uranus wirkt da sicher mit hinein. Also sind plötzliche Umstellungen zur Umwelt immer wieder zu erwarten, was auch bestätigt wurde. Folglich bestimmte das karmische Symbol des Mondes die Grundlebensauffassung des Horoskopeigners. – Das zweite karmische Symbol ist Saturn in Skorpion und im vierten Haus, also in Heim und Familie verwurzelt. Dies bedeutet grundsätzlich, daß sich das Schicksal in der Selbstbehauptung, in der engeren Familienbindung erweisen wird, wobei stets offen bleibt (wenigstens zunächst), ob dies die Zukunftsfamilie oder die Herkunftsfamilie betrifft. Saturn mit seinem vom Temperament her anzusehenden Gegenspieler Mars in Opposition, eng, wenn auch ablösend. Mars im Haus X zeigt Ehrgeiz an, aber auch mit einem gewissen Sicherungsbedürfnis, da in Stier stehend, ferner auch eine künstlerische Ausrichtungsfärbung in die Außenwelt. Diese beiden Kräfte hemmen geballt die Durchsetzung, die sich so wohl eher stauartig äußern wird, was bei einer rückläufigen Plutokraft nicht immer leicht in den Griff zu bekommen sein dürfte, zumal hier durch die Löwefärbung stets ein gewisser Stolz mit einzukalkulieren wäre. Nichtdurchsetzung würde als Schmach empfunden werden.

Zum Mond als karmisches Gestirn: Er hat sozusagen das dritte und letzte Quadrat dieses Bildes zu Neptun, aber ein weites Trigon zur Sonne, jedoch zulaufend. Stutzig macht hier der neptunisch täuschende Quincunx-Aspekt zur Venus. Täuschung zwischen Gefühl und Seele, auch hier sich vielleicht Illusionen hingebend. Aber was noch wahrscheinlicher ist, daß Seele wie Gefühl eine Süchtigkeit punkto Übereinstimmung haben, die so in der Realität nur schwer zu erfüllen sein wird. Das Quadrat des Mondes zu Neptun ist weniger bedeutend, da es Sextilcharakter hat. Man kann daraus folgern, daß die unsterbliche Seele, der karmische Mond gar nicht so belastet ist. Allerdings dürfen wir hier nicht vorschnell urteilen, denn die Konjunktion zwischen Jupiter und Uranus im 12. karmischen Haus steht ja unter Mondherrschaft. Uranus rückläufig, so sind beide Planeten aufeinander zulaufend eng verbunden, was auf eine starke intuitionelle Entfaltung schließen läßt. Die Gefahr: Alle Entfaltungswünsche müssen dann meist sofort, urplötzlich umgesetzt werden! Genau dies ist aber das Verkehrteste, wenn Jupiter im 12. Haus steht.

Ansonsten nur Chancen in Mengen. Viele Begabungen sind hier zu erkennen, das geschlossene Trigon kann jedoch auch zu inneren Träumereien verführen, da es sich hier um ein Trigon im Element Wasser handelt. Venus und Neptun im Trigon zeigt meist musische, auch sehr musikalische Begabungen an, während Uranus/Jupiter im Trigon zu Merkur ja gute Voraussetzungen für Umsetzungen zeigen könnte, wenn nicht das Problematische dieser Konjunktion – wie besprochen – vorhanden wäre. Dazu das Drachenhaupt mit Mars an der Spitze, wobei wir es mit einem herrlichen ganzen Drachen zu tun haben. Der verläuft von Merkur und Saturn zu Uranus/Jupiter und von dort mit Sextilen zu Mars. Die besprochene Mars/Saturn, Opposition gibt diesem Drachen Halt. Auffallend vielleicht noch, daß das Erdelement so wenig vertreten ist.

Diese Menschen tragen ja immer etwas die Gefahr in sich herum, den Boden unter den Füßen zu verlieren. Hier, wenn es im Beruf (Mars im X. Haus) nicht so klappt.

Zur karmischen Opposition: Das jetzige Karma dieses Lebens zeigt sich mit Spitze Schütze und überwiegender

Steinbockfärbung. Da haben wir, da der Herr des Abschnitts Schütze, Jupiter, im entgegengesetzten Karmahaus steht, das Problem.

Die so sprunghafte Entfaltung, die verhalten sein sollte, belastet diesen Menschen, das Warten wird als innerer Druck empfunden, und die Zähigkeitsfärbung des Steinbocks ist sicher schwer zu erringen, wenn dessen Herr (Saturn) im stürmisch-leidenschaftlichen Skorpionzeichen steht.

Die innere Belastung, die ja auch das vergangene Karma anzeigt, liegt Spitze Zwillinge/Hauptfärbung Krebs.

Mond also als Geburtsherrscher hier in einer besonderen Stellung, gerade aus dem Krebs herauskommend, wie neugeboren sich im stolzen Abschnitt Löwe zeigend. Das ist sicher nicht so leicht zu tragen, daran hat ein Horoskopeigner schon zu knacken, und gerade dann, wenn – wie hier – alles eher nach einem Karriere-Horoskop mit Drachen und Leistungsdreieck aussieht. Dieses Bild haben wir ohne Namensnennung einigen Astrologen und Astrologiekundigen gezeigt und ihnen dabei gesagt, daß es sich um das Bild eines hochbegabten jungen Genies handelt. Keiner hat dies bezweifelt.

In der Lebensrealität erfuhr nun dieser junge Mensch – vielleicht wegen seiner so vielfältigen Begabungsmöglichkeiten –, daß Wunsch und Tatsache oft weit auseinandergehen. Er bekam sein Leben nicht so recht in den Griff, schwankte von himmelhochjauchzend bis zutodebetrübt. Er fühlte sich immer eher als Außenseiter, ahnte vielleicht nebelhaft von der Mittsuche gerade in der karmischen Opposition von Haus 6 zu Haus 12, wo wir die Mondknotenachse finden. Am schwersten fiel es ihm wohl, über den Schatten seiner stolzen Seele zu springen, was ja allen Menschen, die den Mond in Löwe haben, nicht so leicht gelingt, noch dazu, wenn wie hier auch Pluto in Löwe anzutreffen ist und wenn – das ist das Entscheidend-Individuelle – beide Planeten im I. Haus stehen, also die Grundlebensauffassung bestimmen. Noch ein Problem wäre zu nennen: Stehen Merkur, Venus und Sonne in verschiedenen Zeichen, dann ist häufig eine gewisse innere Zerrissenheit anzutreffen. Merkur und Venus – beide als Morgenstern – stehen in Fische, die Sonne in Widder. Dies besagt, daß der Lebenskern zwar aufbruchsfreudig, kämpferisch ist, daß aber das Handeln und Fühlen sich lieber hingebend, wandlungsfähig zeigen würden, also neptunischer, nicht so marsisch direkt.

Dies ist eine wesentliche astrologische Beobachtung, die immer wieder zu machen ist und allgemein beachtet werden sollte, gerade dann, wenn der Mond mit einem dieser Planeten (wie hier mit Venus) durch ein Quincunx verbunden ist. Und dieses Quincunx ist echt, ist nah zulaufend, also gravierend. Der Mond auf die Umweltsausrichtung projiziert, das Fühlen sich mit den Verlusten, dem Sterben beschäftigend, auch dies sind ja recht deutliche Diskrepanzen. I. Haus im Quincunx zu Spitze 8 zeigt nun einmal die psychosomatischen Probleme an, besonders wenn hier Planeten (Mond/Venus) so direkt miteinander verbunden sind. Dies ist ein fast klassischer Aspekt, um Leiden zu suchen, statt ihnen zu entfliehen.

Dann kam die Nachricht vom Tod des Horoskopeigners. Nach dem Entsetzen tauchte die Frage auf, wie es geschah. Darüber herrschte Unklarheit. Er hatte zwar schon vom großen Abschied gesprochen, auch davon, bald auf die ewige Reise gehen zu müssen, aber so sicher war man sich nicht, ob es sich um einen Freitod oder einen Unfall handelte. Der junge Mann war von einem Güterzug überfahren worden, es war nur nicht geklärt: Ist er aus Versehen gestolpert, oder hat er sich bewußt unter den Zug geworfen? Für uns sollte dies jedoch in diesem Zusammenhang nicht das Entscheidende sein.

Vielleicht gibt uns das vor-karmische Bild eine gewisse Auskunft, denn sonst wäre dieser frühe Tod, auch wenn es sich um keinen Freitod handelt, nicht zu erklären.

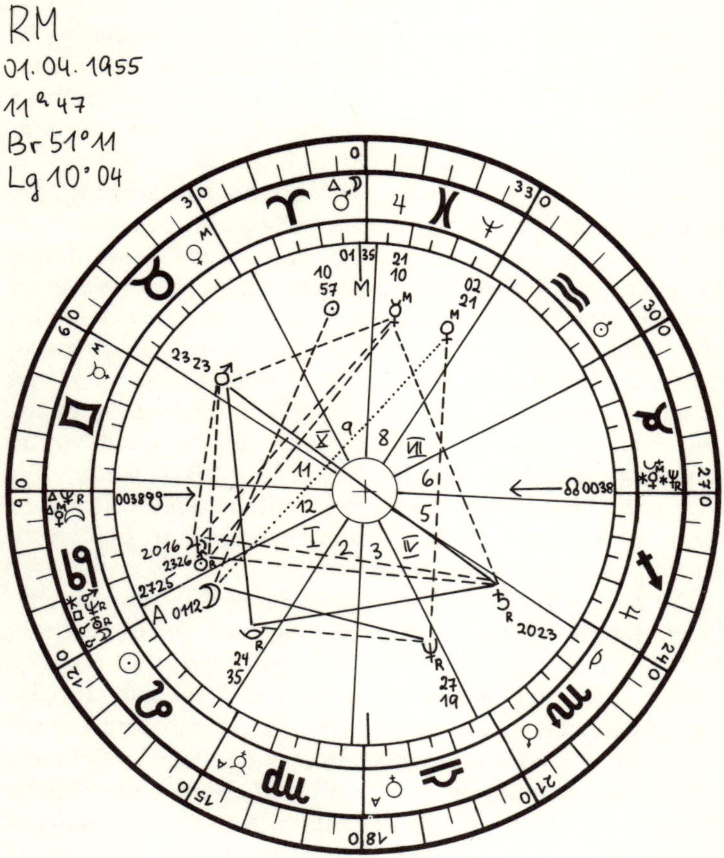

Abb. 18

RM
01.04.1955
vor-karmisch

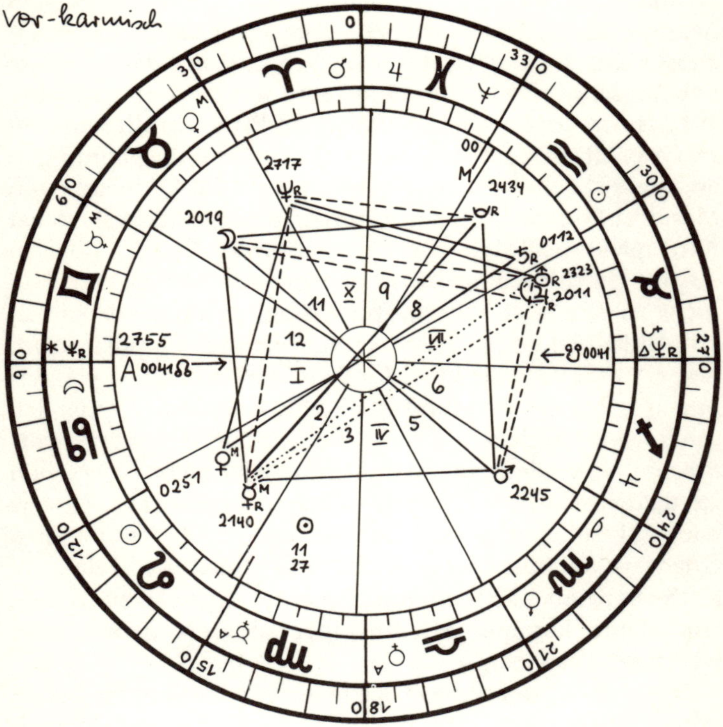

Abb. 19

Unschwer ist zu erkennen, daß dieser Horoskopeigner aus dem Vorleben anscheinend doch starke Belastungen mit- oder weiterzutragen beziehungsweise auszuleben hatte. Jetzt erst wird deutlich, wieso in diesem jungen Menschen so viel Zweifel, Unsicherheit, ja Ausweglosigkeit lebten. Pluto ist der höchststehende Planet. Pluto in Wassermann fast am MC – wenn auch im 8. Raum –, nahe dem neunten Haus. Der höchststehende Planet also doch psychosomatisch belastet, das wirft Schatten auf das bewußte Leben, denn hier bestimmt ja Pluto mit die Grundlebensauffassung. Saturn der zweithöchste Planet in diesem Bild in Opposition zu Venus zeigt starke Gefühlsspannungen an, die fast schwerer zu werten sind als der Quincunx von Mond zu Venus im Geburtsradix. Im Grundhoroskop hat nun später der Mars die Opposition zu Saturn, aber in einem Drachen eingebaut, der im vor-karmischen Bild nicht zu sehen ist. Oberflächlich zeigt sich das vor-karmische Bild viel schwieriger, immerhin drei Oppositionen, wobei besonders die von Mond zu Mars auffällt. Wenn wir bedenken, daß der Mond im Radix Geburtsherrscher ist, sehen wir, welchen Druck der Geburtsherrscher mitbrachte, was allein aus dem Geburtsbild nicht zu ersehen ist, da das erwähnte Quadrat zu Neptun nicht sehr schwerwiegend zu werten sein dürfte. Auch finden wir hier 6 Quadrate statt nur drei im Radix, also muß diese Seele viele Kräfte verbraucht haben, um hier einen Ausweg zu finden. Und damit kommen wir zu einer anderen, neuen, aber wichtigen Erkenntnis.

Wir wissen, daß unsere Seele sich im bewußten Leben immer wieder aufladen muß. Die Kraft der Seele ist oft erschöpft, sonst wären die psychosomatischen Krankheiten gar nicht so frappierend und in ihrer Vielzahl unverständlich. Da aber das bewußte Leben nur ein kleiner Abglanz vom großen Leben ist, der sich ungefähr so verhält wie der Jahressonnenweg zur täglichen Erdachsendrehung, oder wie ein Tag zu einem Jahr, können wir davon ausgehen, daß auch die Seele in der Ewigkeit des Karmas Erholungspausen benötigt, ja auch Erschöpfungen kennt, wie dies im bewußten Leben der Fall ist. Hier sieht es demnach so aus, als müßte sich die Seele erholen. Das hatte sie vielleicht bis zur neuen Inkarnation noch nicht genügend getan, oder die Erschöpfung, die Anstrengung brach insofern aus, da man das Leben beispielsweise wie mit dem kleinen Finger zu meistern schien. So konnte sich die Seele in diesem Körper und Geist scheinbar als Geburtsherrscher nicht so engagieren, sich nicht behaupten, sondern brach unter einer viel geringeren Last zusammen.

Auch im Leben erfahren wir dies immer wieder. Da werden Strapazen gemeistert, aber sobald der Ablauf des Alltags leicht erscheint, wirft einen schon ein kleiner Luftzug um. Sicher hatte dieser junge Mann die vor-karmische Erfahrungszeit mit Würde getragen, aber dann – in der neuen Inkarnation – schien die Anspannung nicht notwendig, da klappte es dann nicht, wenn wir es einmal ein wenig salopp ausdrücken dürfen. Auffallend ist nun noch etwas anderes, was hiermit Hand in Hand geht. Im vorkarmischen Bild steht die Sonne solistisch, losgelöst. Das zeigt zwar eine starke Grundlebenskraft an, aber auch einen großen Verbrauch, weil ja kaum Hilfe durch andere Mobilisierungskräfte zu erwarten ist. Im Radix steht die Sonne wenigstens in einem Trigon zum Mond und hat starke Widderkraft im Vergleich zur pflichtbewußten Jungfraufärbung. Um so erstaunlicher, daß die Sonne im Radix der höchststehende Planet ist, also muß sie ihre solistische Aufgabe im karmischen Sinn einst blendend bestanden haben. Hier ist ein Umschwung zu sehen, der vielleicht gar zu stark war.

Damit kann man vielleicht folgern, daß dieser junge Mensch diesen Umschwung im seelischen Sinn nicht mit körperlicher und geistiger Kraft erfüllen konnte. Genau wissen wir es nicht, aber die Wahrscheinlichkeit liegt doch sehr nahe. Im vor-karmischen Bild finden wir Pluto und Saturn, also Schicksalsplaneten, im 8. Raum, während im Radix individuelle Planeten (Merkur und Venus) dieses

Feld besetzen. Das heißt aber auch, daß sich das Individuelle schneller den Gefühlen und Gedanken an das Jenseitige ausliefert, zumal beide Planeten nicht durch Quadrate oder Oppositionen in die Pflicht genommen wurden. –

Nun liegt es nahe, einmal diesen horoskopischen Moment des Todes festzuhalten. Dabei müssen wir feststellen, daß der Tod, bevor er eintritt, so gut wie gar nicht zuverlässig im Horoskop abzulesen ist. Der Tod der Seele schon gar nicht. Da hier jedoch der Moment des Todes auf die Minute festgehalten wurde, weil es sich um einen Unfall *oder* Freitod handelte, wollen wir uns dieses Horoskop einmal im Vergleich zum vor-karmischen Bild ansehen.

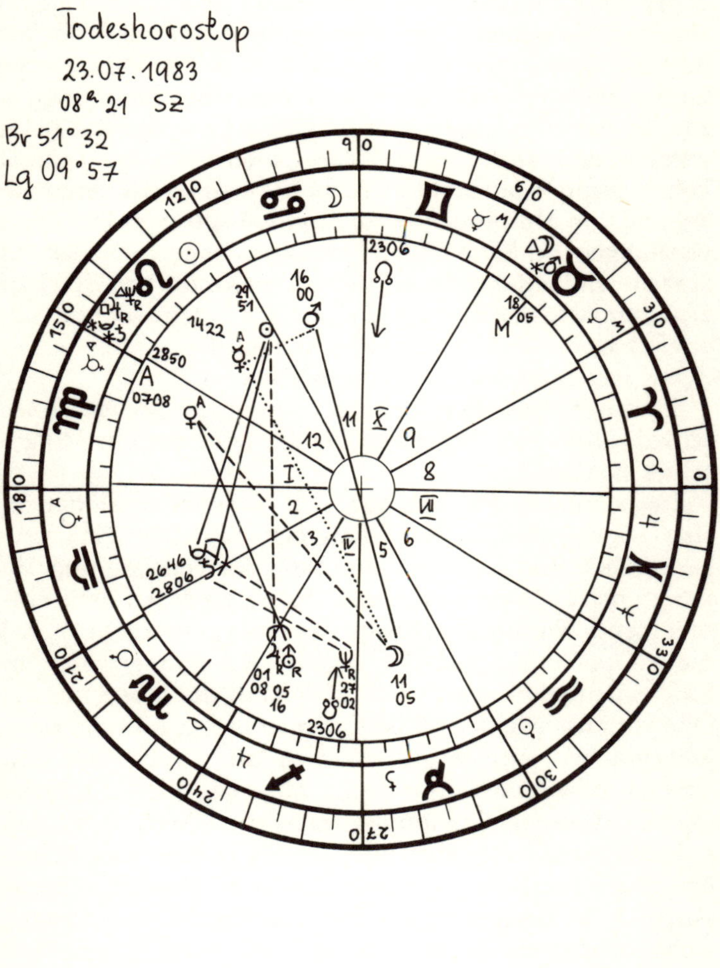

Abb. 20

Wir sehen sofort ein leeres Drittel um den Du-Punkt herum. Also war dieser Horoskopeigner im Moment des Todes ganz bei sich, mit seinen Gedanken nicht bei einem anderen Menschen oder seiner Familie. Er soll – ob fast magisch angezogen oder bewußt – zu der Bahnstrecke heruntergerannt sein. Er wußte, wann die Züge kamen, kannte also die Zeiten. Nun ist vielleicht noch wichtig zu wissen, daß dieser junge Mann mehrmals mit seinem Leben gespielt hatte und versuchte, wie es oft Kinderart ist, anhand von Mutproben seine eigene Angst oder Furcht zu verdrängen. So könnte man sich zwei Dinge vorstellen: Er tänzelte entlang der Bahnlinie, um im kindlichen Spiel zu erproben, wie nah man den Zug an sich herankommen läßt, oder er wollte sich vor den Zug stürzen.

Wir haben darüber nicht zu urteilen.

Für das Karma allerdings macht es einen großen Unterschied, ob es sich um einen Freitod oder um ein Mißgeschick handelt.

Etwas anderes fällt uns aber auf. Nämlich verblüffende, sich wiederholende Konstellationen zwischen dem vorkarmischen Bild und dem Horoskop der Todesminute. Da ist einmal die Opposition vom Mond zu Mars. Sehr entscheidend, wie aus dem bisher Gesagten hervorgeht, zumal diese Opposition auch im Wasser- beziehungsweise im Erdelement steht. Und beide Male läuft der Mond auf die Oppositionsstelle zu. Da ist ferner in jedem Bild die Konjunktion von Jupiter und Uranus, und Jupiter auf den Uranus zulaufend. Dies besagt nun, daß sich die Seele (Mond) in riesiger Spannung zum Antrieb (Mars) zeigt, daß sich aber auch die Entfaltung (Jupiter) dem Plötzlichen unterwarf. Letzteres gilt nun auch noch für das Grundhoroskop, so ist diese Konjunktion von Jupiter und Uranus wohl sowieso ein kleiner Schlüssel, um an das geheimnisvolle Todesgeschehen heranzukommen. Dieser Mensch suchte die plötzliche Entfaltung im Übergang zu einer anderen Welt, das mag auch sein karmisches Trauma gewesen sein. Sicher, beim Radix und vor-karmischen Bild ist dies klar, aber in der Todesminute – das ist die Überraschung! Mars steht zudem in allen drei Bildern unter starker Spannung, wobei er in der Todesstunde und -minute die stärkste Kraft hatte, da er in diesem Moment der höchststehende Planet war. Im Todeshoroskop wie im vor-karmischen Horoskop hat Merkur einen neptunischen Quincunx-Aspekt, also Handlungstäuschung und Suchttrieb. Beide Male stand dazu Merkur auch im Abschnitt Löwe, also Handeln, das vom Stolz getragen wird.

Im Moment der Todesminute finden wir Merkur dazu noch im karmischen Haus 12, dem Haus der inneren Belastung, im uranischen Confinisaspekt zu Mars, mit dem er im vor-karmischen Horoskop durch ein Quadrat und im Radix durch ein Sextil verbunden ist.

Bemerkenswert sind auch die Aspekte zum Aszendent. Die Todeszeit wurde – wie erwähnt – minutengenau festgehalten. Es ist nun auffallend und verblüffend, daß das karmische Haus 6 im Horoskop der Todesminute sich mit dem Raum 8 des vor-karmischen Bildes deckt. Saturn befindet sich in diesen jeweiligen Horoskopen im gleichen luftigen Element, im vor-karmischen Horoskop im Wassermann-Haus 8, im Todeshoroskop im Waage-Haus 2 – also in der Häuseropposition. Es paßt dazu, daß der Mond im Todesmoment eine saturnische Färbung aufwies, sich im kreativen Haus 5 befand, so daß die Seele wohl meinte, daß dieses Spiel mit dem Leben sogar schöpferisch wäre! Nun – wir wollen nicht zu weit gehen, wer mag, wird noch mehr feine Übereinstimmungen finden. Es ist nur erstaunlich, daß das Horoskop der Unglücksminute mehr Übereinstimmung mit dem vor-karmischen Bild als mit dem Geburtsbild aufweist. So scheint es, daß die Seele ihren Dienst in diesem Körper und Geist beendet hatte …

Damit kommen wir zu einem der letzten, aber wichtigsten Punkte. Wir sagten in anderen Arbeiten immer wieder, daß die Seele, der Mond also, nicht veränderbar ist. Das ist richtig und gilt für unser *bewußtes* Leben. Unsere Seele sammelt, speichert Erfahrungen, die aber erst im

Zwischenstadium zwischen den jeweiligen Körpern Veränderungen nachvollziehen kann. Daher kommen wir mit einem Erfahrungsschatz oder auch einer Erfahrungsbelastung zur Welt, die wir in diesem Leben ausleben und füllen müssen, *ohne* daß sie in diesem Leben Veränderungen im seelischen Bereich auszulösen vermag. Unser Bewußtsein dagegen ist zu verändern, auch die Richtung der anderen Kräfte, darin besteht ja das Gesetz des Karmas. Diese Veränderungen saugt die Seele auf, um sie später, nach einer neuen Inkarnation, zu verwerten. Dies ist wohl auch das Schwierige an der Erfüllung dieses Gesetzes.

Denn das Bewußtsein reicht nicht aus – so ehrenwert es ist, wenn sich Menschen bewußt bemühen, gut, hilfreich, nicht neidisch zu sein und den Willen zu haben, nicht auf Kosten anderer zu leben, sowie keinem etwas Böses antun zu wollen.

Daher mißt das Karma auch mit völlig anderen Maßstäben, als wir sie in unserer überwiegend westlich orientierten Welt gebrauchen. Das Karma stuft die Menschen nicht nach Geltung und Reichtum ein, nicht nach der Einhaltung moralischer Gesetze, die die Gesellschaft bestimmt, sondern es mißt nach einem schöpferischen Grundsatz, der da lautet: Du mußt Dich immer um das Höhere bemühen! Das ist das Urgesetz auch der Natur, da sich aus dem niedrigsten Lebewesen der Mensch entwickelt hat, um nur ein Beispiel zu geben.

So wird klar geworden sein, wie sehr jeder in seinem Karma aus seinem Vor-Leben geprägt worden ist. Dies zu erkennen ist sehr wesentlich, so daß es auch keinen Sinn hat – wie es zumindest immer wieder unbewußt versucht wird –, Schuld oder andere Zuweisungen auf die Eltern oder die Generationen davor zu projizieren. Das wäre eine große Ungerechtigkeit, selbst wenn wir oft verblüffende körperliche oder geistige Übereinstimmungen feststellen. Was die *Seele* betrifft, gilt dies nur in sehr bedingtem Maße, das wird durch die astrologische Arbeit immer wieder erkennbar.

Natürlich gibt es auch – wie man sagt – Seelenverwandtschaften, aber die sind oft eher aus den Stellungen des Mondes zwischen Eltern und Kindern herauszulesen. Entweder sie haben einen nahen Aspekt, oder die Monde stehen im gleichen Element, beziehungsweise der Mond des einen in Krebs, der des anderen im ergänzenden Steinbockzeichen.

Noch deutlicher wird dies bei Geschwistern, wo man ja seelische Verschiedenheiten größten Ausmaßes antreffen kann.

In Diskussionen über Karma und Astrologie stellt sich nun immer wieder die Frage: Glauben Sie denn an das Karma? Die Antwort muß heißen: Das ist nur höchst bedingt eine Glaubensfrage. Auch an die Astrologie zu glauben, wäre falsch, weil Astrologie keine Religion ist. Man muß mit der Astrologie seine Erfahrungen machen. Beim Karma ist dies etwas schwieriger – das sei zugegeben –, aber wer sich einmal mit Verschiedenheiten und (nun müssen wir sagen) «scheinbaren» Ungerechtigkeiten der Welt ernsthaft beschäftigt, wird zu keinem anderen Ergebnis kommen, als das Karma als *Gesetz* anzunehmen. Denken wir an den eventuellen Freitod oder das Unglück des jungen Mannes! Nur durch die Annahme des Karmas wird dies verständlich und nimmt den Trauernden eine große Last, die manche sonst ein Leben lang mit sich herumtragen würden. Die Annahme des Karmas kann sogar großen Trost spenden und auch die Zuversicht, daß einem ein nahestehender Mensch nie verloren gehen kann.

Wenn es aber dieses «karmische Gesetz» gibt, dann muß es auch im Horoskop erkennbar sein. Dem spüre man nach, wie wir hier aufgezeigt haben, damit diese Anregungen zu weiteren individuellen Erkenntnissen führen können.

Die Kraft der Seele

Wer sich so mit dem Karma beschäftigt hat, daß das Karma in ihm lebt, weiß auch um die Kraft der Seele, die in uns lebt. Die Seele ist unsterblich, sie führt und lenkt uns, durch sie werden unsere Handlungen viel mehr bestimmt, als wir es uns durchschnittlich vorstellen.

Der Verstand, der unser Handeln leitet – besser leiten soll –, täuscht uns gleichzeitig über unsere wirkliche Antriebskraft, da er die Seele meist nicht als wahre Handlungsführerin akzeptiert, da die Menschen immer stärker meinen, sie würden mit Vernunft und Klugheit das Leben meistern.

Dabei stirbt der Wille, stirbt die Klugheit, der Verstand –, nur nicht die Seele einschließlich der gesammelten Lebenserfahrungen.

Die Seele also, das Unsterbliche in uns, die wahre Kraft ist aber verhältnismäßig unstabil, launisch, wechselhaft und flüchtig, wir ihr Symbol am nächtlichen Himmel, der Mond.

Um es einmal leichthin auszudrücken: Wenn auch die Seele *über*lebt, so gibt sie meist eher auf als der Körper, in dem sie lebt. Psychologen haben längst erkannt, daß ein Mensch dann stirbt, wenn er sich im Unbewußten, also im seelischen Bereich aufgegeben hat. Will das Unbewußte nicht mehr leben, ist es erschöpft, dann – und erst dann – erlischt das Leben. Und dies gilt sowohl individuell wie kollektiv.

Dies ist älteste Wahrheit, die neu heute längst wieder entdeckt wurde. Nur hat die Menschheit vergessen, daraus die Konsequenzen zu ziehen. So wird bei einer Krankheit, bei einer Schwächung zwar in der Regel der Körper gestärkt, es werden Mittel verabreicht, die das physische Befinden bessern sollen, nur für die Seele wird wenig getan. Und gerade auf sie kommt es doch in erster Linie an.

Das Pendel in der Behandlung schlägt überwiegend in Richtung Körper aus. Sicher gibt es Gegensteuerungen. Da gibt es bei uns das Autogene Training, das Yoga, die Zen-Schüler oder die progressive Relaxation. Hier wird versucht, die Seele zu erreichen, damit sie ihre Kraft auf den Körper auswirken läßt. Wir müssen uns darüber im klaren sein, daß die Seele uns verläßt, wenn wir sie vernachlässigen.

«Die Seele braucht uns nicht – wir brauchen die Seele.» Körperliche Behandlung kann uns enorm helfen, aber ohne das Seelenheil, oder das Heil, das aus der Seele kommt, funktioniert auf die Dauer nichts.

Und wer seiner Seele keinen Körper bietet, in dem sie sich wohlfühlen kann, der darf sich nicht wundern, wenn die Seele sich dann verabschiedet.

So sind auch seelische Verletzungen, seelische Vergewaltigungen, die man sich selbst zufügt, oft nie wieder gut zu machen, besonders dann nicht, wenn sie als solche nicht erkannt werden, oder wenn man sich nicht bemüht, dies wiedergutzumachen.

Dies alles heißt: Das Karma erzieht uns auch dazu, unsere Seele anzunehmen, sich ihrer bewußt zu werden und mit der Seele zu leben. Auch die Seele braucht also unsere Liebe und Pflege.

Auf ihre unerschöpfliche Kraft kann und darf sich keiner verlassen. Diese Kraft ist zwar vorhanden, aber nicht für jeden Körper oder Geist. Körper und Geist haben die Seele anzunehmen und sie zu pflegen, die Seele erwartet dieses Echo.

Auch von daher ist die Mondstellung im Horoskop wichtig, denn unser karmisches Ringen hat bei der Seele anzufangen, weswegen auch die Mondknotenachse das astrologische Symbol für die Mittsuche in unserem jetzigen bewußten Leben darstellt. Aber das Wichtigste im Sinne der Kontinuität, das ist die Seele selbst – der astrologische Mond also.

Zusammenfassend: Die Seele stirbt zwar nicht, aber sie ist entscheidend für den Zeitpunkt, da unser Körper, ja unser Geist stirbt. So kann es mit an uns liegen, wie lange wir Zeit haben, unsere tieferen Lebensaufgaben im karmischen Sinn zu erfüllen. Und wenn sich etwa Radix-Bilder und vor-karmische Horoskope nicht sehr unterscheiden, dann mag das auch daran liegen, daß diese Seelen in einem Vor-Leben kaum Zeit hatten sich zu entwickeln, weil der Körper zu früh starb. Uns wird erst etwas geschenkt werden, wenn wir wissen, daß uns nichts geschenkt wird, vor allem nicht die unsterbliche Kraft der Seele. Dies ist wohl eine der wichtigsten Erfahrungen, die uns das Karma lehrt, und diese Lehre ist kaum besser als über das astrologische Bild aufzunehmen oder zu begreifen.

Karma ist das Problem der Seele. Astrologie ist Seelenkunde oder – wenn Ereigniskunde – dann Ereigniskunde des Seelenlebens.

Nur die Seele betreffende Ereignisse sind aus dem Horoskop zu erfahren und zu verwerten. Daher ist die Astrologie heute auch so umstritten. Die Naturwissenschaften verwerfen das Seelische, das Unfaßbare, das nicht Beweisbare! Damit lehnen sie (gezwungenermaßen) auch das Karmische ab. Das Rechnerische überwiegt nicht nur, sondern wird wie ein Heiligtum verehrt und vergöttert.

Dies führt uns zu den heutigen Tempeln der Computer, die oft höher als das Geistige eines Menschen eingeschätzt werden. Zu diesen Tempeln pilgern auch Astrologen, weil sie von einer Zehntelsekundenberechnung die Lösung ihrer und anderer Probleme erwarten. In der Hundertstelsekunde wird das große Heil gesucht – als wenn das auf den Kosmos bezogen wichtig wäre!

Manchem mag auch die hier wiedergegebene Formel zur Findung des vor-karmischen Bildes zu einfach erscheinen, schon weil sie ohne Computer zu errechnen ist.

Doch mit dem Rechnerischen wurde noch nie das Seelische erfaßt.

Viktor von Weizsäcker hat dies – sicher von ganz anderer Warte her – herrlich erkannt, als er in seiner Abneigung gegen die Statistik in der Medizin zu der Formulierung fand:

«Wenn die Seele im Urteil fehlt, flüchtet man sich in das Rechnen!»

Dies gilt in viel stärkerem Sinn für die Astrologie und deren Statistiker und ganz besonders für die Auseinandersetzung mit dem Karma.

Literatur

Stefen Arroyo	Astrologie, Karma und Transformation Hugendubel München 1978
Beatrice Flemming	Das theosophische Weltbild I–III Hirthammer Verlag München 1971
Christmas Humphreys	Karma und Wiedergeburt Barth Verlag München 1974
B. A. Mertz	Psychologische Astrologie I–III Ansata Verlag Interlaken 1979 bis 1982
B. A. Mertz	Astrologie und Tarot Ansata Verlag Interlaken 1981
B. A. Mertz	Das Horoskop – seine Deutung und Bedeutung. Ebertin Verlag Freiburg 1981
B. A. Mertz	Astrologie als Wegweiser Ebertin Verlag Freiburg 1984
B. A. Mertz	Falken-Handbuch der Astrologie Falken-Verlag Niedernhausen 1979
Dr. Heinrich Reich	Das Geheimnis des Tierkreises Barth Verlag München 1949
Erich Zehren	Das Testament der Sterne Herbig Verlag Berlin 1957
Erich Zehren	Der gehenkte Gott Herbig Verlag Berlin 1959

B. A. Mertz

Psychologische Astrologie I

Die Archetypen der Astrologie
Moderne Ausdruckskunde in der Beraterpraxis
Angstaspekte im Horoskop
Die Intuition bei der Horoskopdeutung
Der Mond im Künstlerhoroskop
u. a.

360 Seiten, mit 75 Horoskopabbildungen und 12 Tabellen, gebunden mit Schutzumschlag.

Mit dem Band I der dreiteiligen ‹Psychologischen Astrologie› versucht der Autor B. A. Mertz die moderne Astrologie mehr der Psychologie anzunähern. Es geht ihm um die Erkenntnis, die durch das Horoskop für jeden gefunden werden kann, wobei das ängstliche Schielen auf fatalistische Schicksalsschläge von selbst ausgeschaltet wird.

Mertz führt die Astrologie wieder auf ihre Ursprünge zurück, denn im Altertum – woher ja die Archetypen stammen – gab es für heutige Zeiten äußerst moderne psychologische Erkenntnisse, wie sie uns die Mythen vieler Völker überliefern.

So werden in diesem ersten Band die Symbole der Tierkreiszeichen und der Gestirne auf ihre psychologischen Aussagen untersucht. Aber Erkenntnisse und Wissen sind ja nicht nur für den beratenden Astrologen wichtig, sondern müssen vor allem für den Ratsuchenden in eine verständliche Bildsprache umgesetzt werden. Der Autor gibt hierfür wertvolle Hinweise.

Hilfreich ist – auch für jeden erfahrenen Astrologen – die Untersuchung der Aspekte, wobei belegt wird, wie die Aspekte einst gesehen wurden, und welche uns heute noch etwas zu sagen haben. Auch hier begründet B. A. Mertz seine Stellungnahme mit altem und neuem astrologischen und archetypischen Gedankengut. Dies gilt auch für die Zeitgesetze der Planeten, die ja die Basis der Astrologie schlechthin darstellen.

Grundlage jeder astrologischen Aussage für die Praxis ist das viel umstrittene Problem der Häuser. Der Autor weist nach, daß der Gehalt der Häuser weitaus besser als ihr Ruf ist, ja, daß es ohne sie zu keiner realen Hilfestellung kommen kann. Gerade die Häuser sind nicht willkürlich entstanden; wie, wird hier aufgezeigt.

Danach geht es um die astrologische Beratung selbst. Wie kann das häufigste Problem, die Frage nach der Angst und den Ängsten, gesehen und gelöst werden? Und wie ist das Horoskop in seiner Gesamtschau zu erfassen, besonders dann, wenn Horoskope zweier sich nahestehender Menschen ineinandergreifen? Einen weiteren Einblick in die Beratung gibt die Untersuchung über den Mond im Künstlerhoroskop oder etwa die Antwort auf die immer wieder gestellte Frage, ob der Tod aus dem Horoskop zu ersehen ist. Weitere Themen sind: Wie frei macht ein Horoskop? Handelt es sich bei der Astrologie um Aberglauben oder um eine fundierte Erfahrungswissenschaft?

Das Buch wird hervorragend abgerundet durch die in ihrer Zusammenstellung wohl einmaligen Stichworte astro-psychologischer Erkenntnis auf 12 Tafeln.

Die temperamentvolle, anschauliche und jedem verständliche Sprache von B. A. Mertz macht dieses Buch überdies zu einer spannenden Lektüre.

B. A. Mertz

Psychologische Astrologie II

Das Jahreshoroskop
Das Partnerhoroskop
Die Horoskopachsen in psychologischer Sicht
Die Planeten im Tageslauf
Die unaspektierten Planeten
u. a.

338 Seiten, mit 68 Horoskopabbildungen und div. Tabellen, gebunden mit Schutzumschlag.

Die psychologische Astrologie ist eine der besten und schnellsten Möglichkeiten, sich und andere Menschen bis in den Kern hinein kennenzulernen. Nur wer weiß, wie es in ihm aussieht, wer den anderen richtig einschätzt, kann sein Lebensschicksal gut und sinnvoll steuern.

In seinem zweiten Band wendet sich B. A. Mertz der praktischen Anwendung und Handhabung dieses ältesten Erfahrungs- und Wissensgebietes der Menschheit zu.

Der Autor ist ein Verfechter der modernen Erkenntnisastrologie, die sich grundsätzlich von der Ereignisastrologie unterscheidet. So geht es B. A. Mertz auch beim Erstellen und Ausdeuten des Jahreshoroskops nicht um kommende Ereignisse oder um meist umstrittene Vorhersagen, sondern um eine psychologische Vorausschau, damit sich der Horoskopeigner individuell auf die Zukunftstendenzen einstellen kann. Nicht das Hinnehmen von Vorhersagen ist wichtig, sondern die richtige, aktive Einstellung, um das Kommende zu meistern und zu gestalten.

Ferner wird in diesem Buch auch gezeigt, welche Methoden der Vorausschauberechnung sich praktisch bewährt haben und von jedem Horoskopeigner selbst und leicht – an genauen Berechnungsanleitungen fehlt es nicht – erstellt werden können. Ungewöhnlich sind die vielen Hinweise für eine richtige Ausdeutung, denn wohl in keinem astrologischen Buch wurde bisher jedes Planetenprinzip auf die jeweiligen Aussagen punkto Transit, punkto Sekundär-Progression und punkto Sonnenbogen-Direktion so ausführlich und getrennt beschrieben.

Äußerst aufschlußreich in diesem Buch ist ferner das Partner- und Kontakt-Horoskop, das Möglichkeiten der Analysen zum Du, zum Freund, zu Eltern und Kindern, zum Arbeitgeber und anderen Bezugspersonen gibt. Das Rollenspiel am Beispiel des Aszendenten und die Aufgabe am Du – am Beispiel des Deszendenten – sind völlig neu gesehen und werden vom Autor mit Anschaulichkeit und Verve beschrieben.

Auch hier kann der Autor viel von seinem praktischen Wissen als Berater in astrologischer Menschenkunde an Beispielen darlegen, um so seine Erfahrungen weiterzugeben. Außerdem eröffnen sich neue Möglichkeiten der astrologischen Praxis, besonders durch die Untersuchungen über den Stand der Planeten im Tageslauf, die allein erst eine individuelle Ausdeutung ermöglichen.

Beeindruckend ist auch die Arbeit über die Auswirkung der unaspektierten Planeten, die bisher in keinem astrologischen Buch angesprochen wurden.

Der Leser spürt auf jeder Seite, daß hier ein erfahrener, im Leben stehender Astrologe aus der Praxis für die Praxis schreibt, besessen von den Möglichkeiten, die die psychologische Astrologie auf dem Weg zur persönlichen Erkenntnis jedem bietet.

B. A. Mertz

Psychologische Astrologie III

Die Astro-Medizin in psychosomatischer Sicht
Das Konzeptions-Horoskop
Das MC und IC in den verschiedenen Häusern
Geburtsherrscher und höchststehender Planet
Der Du-Be-Herrscher
u. a.

372 Seiten, mit vielen Horoskopabbildungen und div. Tabellen, gebunden mit Schutzumschlag

In seinem abschließenden Band III der Psychologischen Astrologie ist die ‹Astromedizin in psychosomatischer Sicht› das Hauptthema. Der Autor vertritt hierbei konsequent die Ansicht, daß der Heilkundige, der Arzt, zuerst die Verantwortung tragen soll. Die Astromedizin kann nur ergänzend zur Behandlung herangezogen werden; dies vermag aber sehr hilfreich zu sein. So, wenn es um psychosomatische Symptome und Auswirkungen geht, die den Heilprozeß intensivieren können. Auch kann mit Hilfe der Astromedizin – aber nur im Einverständnis mit dem behandelnden Arzt – mancher Operationstermin errechnet werden, was weitere Chancen eröffnet.

Im Hauptteil des Buches geht es B. A. Mertz vor allem darum, die Planetenprinzipien in die Astromedizin einzuarbeiten, um so durch Erkennung und Behandlung den Heilwert des Unterbewußtseins zu wecken. So werden Wege aufgezeigt, wie und wo seelische Probleme sich auf den Gesundheitszustand auswirken, wobei das Selbsterkennen bereits eine erste Hilfe bei der Heilung sein kann.

Dieser dritte Band enthält weiterhin höchst interessante alte und neue Themen. So wird beim Konzeptionshoroskop auch auf dessen Entstehung eingegangen, und die Berechnungsart an mehreren Beispielen klar dargelegt. Überraschend, welche Hilfen gegeben werden können, wenn das Konzeptionshoroskop mit dem Grundblatt verglichen wird.

Völlig neu sind dann die Grundbetrachtungen über die Himmelsmitte und die Himmelstiefe, die bei den uralten, aber nun wiederentdeckten und beliebter werdenden 30°-Häusern, ja in verschiedene Häuser fallen können. Dadurch werden Herkunftsprobleme und Berufungsansprüche oft viel einleuchtender.

Neben dem Geburtsherrscher und dem höchststehenden Planeten werden der Du-Be-herrscher und der tiefststehende Planet untersucht, was weitere Charakteraufschlüsse erlaubt.

Wesentlich und bedeutend scheinen die Untersuchungen über die inneren Planeten, wobei B. A. Mertz darauf hinweist, daß Venus und Merkur – wie ursprünglich – wieder als Morgen- und Abendstern gesondert betrachtet werden müssen, was ja zu verschiedenen psychologischen Aussagen führt. Hier greift der Autor auf ältestes Gedankengut zurück und arbeitet dies in seine moderne Erkenntnis-Astrologie ein. Sehr aufschlußreich sind schließlich seine Untersuchungen über den Mond, der in vielen Horoskopen ja wichtiger als die Sonne erscheint.

Alle Themen aber haben endlich den Vorteil, daß sie nicht bloß spekulative Theorien sind, sondern daß sie aus der Praxis erfahren wurden, daß sie auf Ergebnissen beruhen, die der Autor in seiner jahrelangen Forschungs- und Beratertätigkeit immer wieder bestätigt fand.

Ein Buch für die ernsthaft Interessierten, die tiefer in die Astrologie eindringen wollen, aber auch für diejenigen, die wissen möchten, welche Möglichkeiten ihnen die moderne, psychologische Erkenntnis-Astrologie bieten kann.

B. A. Mertz / Paul Struck

Astrologie und Tarot

Das Horoskop und der Tarot
Die Karten der großen Arcana
Die astrologische Bedeutung der Tarotkarten
Das Tarot-Horoskop
Praktische Anwendungen

Ganzleinenband mit Goldprägung. 204 Seiten, mit 22 mehrfarbigen Tarotkartenabbildungen auf Kunstdrucktafeln. Jedem Buch beigefügt: 22 mehrfarbige Tarotkarten (9 × 12,5 cm) in Kassette

Astrologie, die älteste Erfahrungswissenschaft der Menschheit, und die großen Arcana des Tarot, die wohl als die Schicksalskarten schlechthin angesprochen werden können, sind in diesem Buch erstmals mit einer profunden Sachkenntnis zusammengeführt.

Der bekannte astrologische Fachschriftsteller B. A. Mertz, der sich sehr intensiv mit der Welt des Tarot auseinandergesetzt hat, und der durch viele Ausstellungen international anerkannte Maler Paul Struck haben hier mit Text und ungewöhnlichen Karten ein Werk geschaffen, das als völlig neu und wohl auch als bahnbrechend zu bezeichnen ist.

Auf Anregung des Autors schuf Paul Struck eindrucksvolle, künstlerische Karten, die sowohl das Archetypische der Astrologieerfahrungen wie auch die überlieferten Symbole des Tarot beinhalten.

Dieses Buch will nun denjenigen, die sich aus Interesse oder als Beruf astrologisch betätigen, durch die Ergänzung mit dem Tarot die bildhafte Horoskopaussage erleichtern. Und dieses Buch will denen, die bisher nur mit dem Tarot gearbeitet haben, durch die Einbeziehung der astrologischen Deutung ihre Aussagemöglichkeiten mit dem Tarot vertiefen. Man stellt bald mit Erstaunen fest, wie sehr sich die 12 Tierkreiszeichen und die zehn Planeten mit den 22 Karten der großen Arcana decken. Paul Strucks Karten enthalten alle Ursymbole, die jede Tarotkarte nach den alten Gesetzen haben muß; sie erfassen darüber hinaus jedoch auch das älteste, archetypische Erbgut in uns und damit die unsere Seele prägenden Urerfahrungen.

Jede Karte wird vom Autor in ihrem ganzen Sinngehalt ausführlich erläutert. Zudem wird auf den bestehenden Zusammenhang zwischen Astrologie und Tarot, vor allem auf die psychologische Erkenntnis hingwiesen. Im praktischen Teil des Auslegens der Karten in Verbindung mit dem Horoskop wird der Leser geschult, den tiefen Sinn und die Fülle der Symbolgehalte dieser Karten zu erfassen, deren Ursprünge wohl in der Bildaussage der Mythen des alten Ägyptens zu suchen sind. Natürlich kann mit diesen Karten auch ohne Horoskop gearbeitet werden, aber die Fülle der Erkenntnisse wird wohl erst aus dem Zusammenspiel von Horoskop und Karten ausgeschöpft.

So kommt sowohl der Astrologe wie der Psychologe über den Tarot zu neuen Erkenntnissen für seine Ratsuchenden, denn in den Karten liegen so viele alte und moderne Testmöglichkeiten, die nun – wie im Buch dargestellt wird – wieder genutzt werden können. Es ist ein Buch voller inspirierender Anregungen für unsere eigene intuitive Fantasie. Die 22 großen Arcana sind im Buch selbst auf Kunstdrucktafeln einzeln farbig abgebildet sowie auch als drucktechnisch hochwertige, farbige Karten beigefügt.

Verlagsauslieferung für Deutschland: Hermann Bauer Verlag, Freiburg i. Br.